本书获江南文化艺术及其当代价值研究,子课题:江南影像的类型学研究(编号 2015JDZD09)资助。

中国电视节目的形态演变

赵 翌 著

东南大学出版社
SOUTHEAST UNIVERSITY PRESS
·南京·

内容提要

本书系统论述了中国电视节目的形态演进。通过对中国电视节目在草创期、初步发展、加速发展及繁荣调整各阶段不同形态特征的分析,梳理了中国电视节目形态的演进历程;通过对新闻节目、娱乐节目及其他节目不同类型形态特征的分析,描述中国电视节目的演变图景;通过对经典栏目个案及"模式引进"等重点现象的分析并以此为切入点,探讨中国电视节目的生产路径与创新路径,进而对中国电视节目形态的发展方向提出设想与建议。

本书可为新闻传播、广播电视、影视等相关专业的学生或研究者提供电视节目学习及研究方面的参考,亦可为电视及相关媒体从事节目策划、编导工作的从业人员提供理论借鉴及创新思路。

图书在版编目(CIP)数据

中国电视节目的形态演变 / 赵翌著. —南京:东南大学出版社,2017.12

ISBN 978 - 7 - 5641 - 7545 - 0

Ⅰ. ①中… Ⅱ. ①赵… Ⅲ. ①电视节目-研究-中国 Ⅳ. ①G229.2

中国版本图书馆 CIP 数据核字(2017)第 312180 号

中国电视节目的形态演变

著　　　者	赵　翌
出版发行	东南大学出版社
出 版 人	江建中
社　　　址	南京市四牌楼 2 号
邮　　　编	210096
网　　　址	http://www.seupress.com
经　　　销	全国各地新华书店
发行热线	025 - 83790519
印　　　刷	虎彩印艺股份有限公司
开　　　本	700 mm×1000 mm　1/16
印　　　张	9.75
字　　　数	210 千字
版 印 次	2017 年 12 月第 1 版　2017 年 12 月第 1 次印刷
书　　　号	ISBN 978 - 7 - 5641 - 7545 - 0
定　　　价	42.00 元

* 本社图书若有印装质量问题,请直接与营销部联系,电话:025 - 83791830

目 录

绪　论

1936 年 11 月,世界上第一座电视台在英国诞生。约 20 年后,1958 年 5 月 1日,中央电视台的前身"北京电视台"开始试播,这标志着中国电视事业的正式诞生。在近 60 年的时间里,中国电视的方方面面历经了日新月异的变化,取得了显著的成绩。从管理经营制度角度来说,中国的电视事业从起步时完全由国家拨款逐步转变为兼具政治宣传、文化书写以及产业经营功能的多元模式。与之相关联,电视生产内容即电视节目也自然经历了翻天覆地的规模化发展。对中国电视节目形态近 60 年的演进历程进行描述与分析,将是一件极有价值的事情。

一、中国电视节目学研究现状

包括电视媒体在内的所有媒介的研究都由两个重要方面组成:媒介经营与节目内容。作为一门年轻的学科,广播电视学的研究还有十分巨大的成长空间。长期以来,电视理论研究前瞻性不足的弊病一直受到质疑,尤其是在节目生产方面,许多理论成果是落后于电视实践的。仅以电视节目分类这一基本问题为例,目前通行的广播电视学教材中大部分沿用着将电视节目分成新闻、娱乐、教育、服务这四个类别的"四分法"。而实际上,电视实践中出现的许多节目早已无法根据这一分类方式简单划分。

中国电视研究的起点与电视事业的诞生基本同步,但在改革开放以前,中国的电视研究主要是技术研究,仅有少量关于电视节目内容的文章发表于中国第一本电视研究的学术期刊《广播业务》上。这些文章的撰写者主要是电视从业人员,他们遵循艺术和新闻理论的研究范式,对自身所创作的电视节目内容进行经验总结和业务探索。

改革开放以后,中国的电视研究得到了真正的发展。在 20 世纪 90 年代之前,除技术研究之外,概论类、中外电视史类、电视艺术、电视文学、主持人艺术等方面的研究逐渐展开。1992 年,邓小平南方谈话后,中国的市场经济体制得到确立,广播电视业的发展也正式步入市场化的新阶段。在全社会进一步解放思想的大环境下,电视学术领域也焕发出新的生命力。"国内电视研究的格局在这一时期形成,分别是:以原理探索为目标的基础理论研究;以实践总结为目标的应用理论研究;以规范管理和长远发展为目标的决策理论研究;以历史梳理和明鉴未来为目标的电视史学研究。"①

　　从成果数量的角度来看,节目研究是电视学研究体系中十分庞大的一支。学者梁波在其专著《理论电视学》中按照不同的研究类目,对 1958 至 2013 年我国电视学研究专著作了分布统计,具体情况见下表:

国内电视著作类目分布统计表②

类别/年代	1958—1977	1978—1991	1992—2000	2001—2013	小计	比例
报告	0	0	1	50	51	1.7%
年鉴	0	11	32	102	145	4.8%
丛书	0	2	7	59	68	2.3%
文集	0	37	65	142	244	8.1%
史论	0	3	29	108	140	4.7%
概论	0	15	34	80	129	4.3%
词典	0	1	2	5	8	0.3%
节目	0	13	60	308	381	12.7%
传播	0	4	13	132	149	5.0%
文化	0	6	9	72	87	2.9%
美学	0	4	8	22	34	1.1%
语言	0	0	2	15	17	0.6%
教育	0	1	3	7	11	0.4%
批评	0	0	4	31	35	1.2%
电视与社会	0	0	2	26	28	0.9%
业务	0	50	129	487	666	22.2%
受众	0	1	4	24	29	1.0%
经营管理	0	2	11	193	206	6.9%
技术	33	168	67	234	502	16.7%
产业	0	0	2	74	76	2.5%
总计	33	318	484	2 171	3 006	100%

　　由表中数据可见,从 1958 年至 2013 年,关于电视节目研究的论著在数量上经

---

①② 梁波.理论电视学[M].北京:中国传媒大学出版社,2015:172.

历了跳跃式发展的过程。尤其是 1992 年以后,增量是前一个统计时段的 4 至 5 倍。可以说,中国的电视节目研究在 1992 年以后步入真正形成体系的成熟期,不仅出现了大量关于具体节目个案及具体节目类型的研究文章,也出现了从宏观上将整个电视节目体系作为研究对象的论著。代表作品有 1996 年杨伟光的《中国电视专题节目界定》,2006 年徐舫州的《电视节目类型学》,2007 年张海潮的《中国电视节目分类体系》,2009 年殷俊的《电视栏目学导论》等。

与其他类目做横向比较,节目研究的成果在数量上仅次于业务研究与技术研究,位列第三。而实际上,节目研究与业务、美学、批评、传播等类目的关联度非常高,这些类目在相当程度上都与节目研究相关。除著作以外,关于电视节目研究的论文成果也十分丰厚。在中国知网以"电视节目"为"篇名"检索词进行检索,自 2009 年以来,每年的期刊论文数量都在 1 100 篇以上,其中 2015 年超过 2 000 篇。

近几年,中国电视节目学的研究热点主要集中在下列课题:首先是新技术、新媒介环境对传统电视行业带来的冲击与挑战,由此引发对电视节目在新形势下发展方向的思考,代表作有 2010 年王兰柱的专著《中国电视节目创新与收视》等;其次,电视传播的价值追求问题也是近年来学界关注的热点,尤其是在真人秀泛娱乐化的背景下,如何在电视节目中传播优秀传统文化成为研究重点,代表成果有:李超 2014 年 4 月发表在《当代电视》杂志的论文《〈记住乡愁〉:中国传统文化的电视传播》等;此外,媒介融合问题也是研究的新方向,代表作有 2011 年胡正荣的《媒介融合时代的电视新闻创新》等。

总体而言,中国的电视节目学研究已经具备规模,除了成果数量的支撑之外,在研究类别方面也较为全面,既有关于电视节目类型、形态等宏观问题的理论著作,也有对电视节目个案、流行节目类型的微观分析,研究视角也十分丰富。遗憾的是,目前电视节目研究的绝大部分成果在理论深度上还有所欠缺,对个案或流行节目样式的探讨占据了绝大部分的比例。尽管也有不少关于电视节目分类、形态等基本命题的著作,但其间存在着讨论停留于表面,没有深入到对节目形态发展变化的深层原因进行理论探索的遗憾。由于研究对象的特殊性,目前中国电视节目学的研究主要囿于应用理论,鲜有触及电视传播基本理论的成果。

二、电视节目的"类型"与"形态"之辨

电视节目的"类型"与"形态"辨别问题是节目学研究最基础的命题。然而,目前大多数论著或文章在涉及这两个概念时基本处于混用状态。2011 年张健的专著《当代电视节目类型教程》中对国内外最常见的 8 种电视节目类型做了重点分析。这 8 种类型分别是:新闻资讯节目、谈话节目、文艺节目、纪录片、电视剧、真人秀、电视电影以及广告。2006 年陈国钦的专著《电视节目形态论》中分章节讨论了

电视新闻类节目、文艺类节目、电视剧、娱乐类节目、纪录片、广告这六方面的内容。上述这两部专著尽管书名分别冠以"类型"和"形态",实际所叙本体却是相同的。其余涉及"类型"或"形态"的研究成果也大多存在着类似情况。

尽管这两个概念的混用显得有些约定俗成,但两者在本质上是有区别的。名不正则言不顺,因此,在讨论电视节目形态问题之前,对这两个概念进行辨析是十分必要的。事实上,厘清概念不仅是理论探讨的基点,在描述电视实践现象时也显得十分重要。例如,《南京零距离》和《新闻联播》毫无疑问都属于电视新闻节目,在分类上是同一个类型,但十分明显,两者展现的节目形态是完全不同的。电视谈话节目中的《对话》和《鲁豫有约》在形态上的差异也同样显著。

"类型"这个概念并不是电视领域的原生概念。从语义本身来说,2005年商务印书馆出版的《现代汉语词典》将"类型"解释为具有共同特征的事物。从文艺研究领域中的类型概念来说,从最早的亚里士多德将文学作品分成悲剧和史诗两个类型开始,文学、电影学等相关学科便开始使用类型分析的方法,对文艺作品进行研究,并形成了各文艺领域的类型学说。这其中,与电视亲缘关系最为紧密的当属类型电影的研究。美国电影学家罗伯特·考克尔认为,"电影一旦发展出一种叙事结构,从仅仅展示事物(如火车离开站台或两个接吻的人)转向讲述故事,就开始形成类型。故事一旦被讲述,它们就立刻进入了一定的类型:浪漫的、情节剧的、追捕的、西部的、喜剧的"[①]。这种颇具代表性的观点将类型电影看作由讲述故事的特定方式决定,认为类型是创作者和观众共同享有的一套期待系统或惯例系统。我国学者郝建在其专著《影视类型学》中认为,"类型电影是按照同以往作品形态相近、较为固定的模式来摄制、欣赏的影片"[②]。尽管中外学者对电影"类型"的定义各有侧重,但总结而言,"'类型'这一概念在其自身可以结为一体的同时,也都可以与他物相区别,起到普遍与个别的媒介、多样与统一的联结的作用"[③]。

迁移到电视领域,国内外学者对"类型"这一概念也都做过相应的讨论与说明。孙宝国的论文认为,"电视节目类型是指由具有相似元素与结构的电视节目所形成的类别。一般而言,类型是一个静态的概念,约定俗成,相对稳定,强调趋同"[④]。英国学者大卫·麦克奎恩认为,"电视节目类型划分的主要依据在于不同节目所使用的特殊程式、惯例,这些惯例在观众经常接触之后就能够被一眼识别;不同的节

---

① [美]罗伯特·考克尔.电影的形式与文化[M].郭青春,译.北京:北京大学出版社,2004:122.

② 郝建.影视类型学[M].北京:北京大学出版社,2004:59.

③ [日]竹内敏雄.艺术理论[M].卞崇道,等译.北京:中国人民大学出版社,1990:81.

④ 孙宝国.电视节目三大概念[J].中国广播电视学刊,2009(10):33.

目类型使用的是不同的程序"①。尽管这两种定义各有侧重,但概括来说,"类型"概念既包含了文本类别的理论划分,又涉及实践层面工业化生产以及收视消费的问题。从文化及意识形态角度来说,"类型"也是一个十分重要的研究视角。

中外电视研究中对"类型"的关注各有侧重。我国电视节目长期以来使用的"四分法"分类方式简单明确,从学理逻辑性上来说也比较严密科学。然而其短处也显而易见,随着电视实践的不断发展,电视节目的不断丰富,目前电视荧屏上相当数量节目是无法很好的用"四分法"来归类的。此外,由于分类条目设置的过于粗放,被归为同一类型的节目也往往显现出本质上截然不同的特性。学界显然已经注意到这种分类方式的不足,陆续有学者提出新的电视节目分类标准。如王振业等三位学者提出的"多层节目分类系统",按照电视节目的社会功能、反映领域和结构类型进行分类。具体分类情况见下图:

多层节目分类系统图②

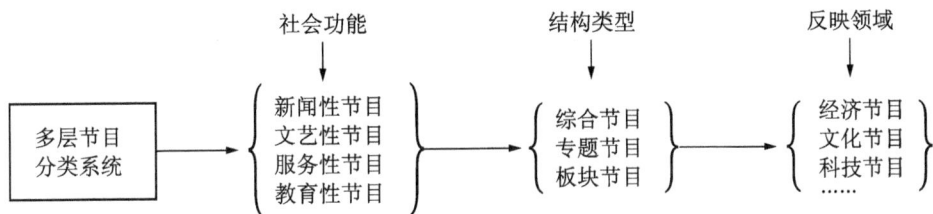

王振业等提出的这种分类系统相较于传统的四分法而言更为科学和细致,同时也不失学理性。央视索福瑞媒介研究有限公司(CSM)作为国内影响力最大的媒介调查公司,其对电视节目的分类方式也同样值得注意。CSM 在进行电视节目评估时,将其分为新闻、专题、体育、综艺等 15 大类,综合新闻、纪实报道等 81 小类。这种分类方式从学理性上来说并不十分严谨,也显得有些庞杂,但从实践操作的角度来说,也具备合理性和现实性。

国外研究者尤其是美国学界对"类型"概念的认知角度则明显更具现实操作性。由于好莱坞经验的存在,美国电视领域对"类型"的认识与使用天然地与工业化生产密切相关。目前美国国内通行的节目分类方式如下表:

① ［英］大卫·麦克奎恩.理解电视:电视节目类型的概念与变迁［M］.苗棣,等译.北京:华夏出版社,2003:22.

② 王振业,方毅华,张晓红.广播电视新闻性节目规范研究［M］.北京:中国广播电视出版社,2002:109.

美国电视节目类型划分[①]

	类型	亚类型	亚类型下属的亚类型	
美国电视节目类型	信息性节目	新闻	全国和世界新闻	
			地方新闻	
			新闻脱口秀	
			24 小时新闻	
		新闻杂志	新闻娱乐脱口秀	
			调查与公共事务	
			名人新闻	
	娱乐性节目	喜剧	情景喜剧	
			动画喜剧	
			综艺喜剧	
		剧情剧	罪案剧	
			工作场所剧	
			家庭题材剧	
			混合剧	
			电视电影	
			纪录剧	
		其他剧种	肥皂剧	日间肥皂剧
				夜间肥皂剧
			科幻剧	
		真人秀		
		脱口秀	夜间脱口秀	
			白天脱口秀	
			资讯	
		游戏益智类节目		
		儿童电视节目		
		体育节目(各种球赛或运动会)		

---

① 张健.当代电视节目类型教程[M].上海:复旦大学出版社,2011:11-12.

从这张表中,我们可以看出美国电视节目的类型设置完全从实用角度出发,创作者的创作基础便是类型,一旦类型明确后,节目的播出时间、制作经费、风格元素等都基本明确。而观众从观看的角度来说,也能十分准确和简便地找到自己喜欢和感兴趣的节目。这样的分类方式沿袭了好莱坞制片厂制度中的工业化生产标准,能够最大限度保证电视节目的经营收益,避免风险。

"形态"同样也是一个古老的概念。这一概念最早来自于生物学,艺术形态学借鉴了生物学中对机体结构的形态研究方法,成为了一门研究艺术形式及其规范的学科。在古希腊时代,亚里士多德在《诗学》中便将当时各门艺术按照所用媒介、模仿对象及模仿方式的不同分成各种不同的形态。之后,德国美学家莱辛在《拉奥孔》中对诗与画做了全面的比较,尤其是在形态方面的比较对后世影响很大。在18世纪后半期,艺术形态学有了进一步的发展,大批著作涌现。到19世纪,黑格尔的三大类型说和五大门类说等论述对现在的艺术研究仍有很大的启发。黑格尔之后,美国哲学家门罗于1954年在论文《作为美学分支的艺术形态学》中首次明确提出"艺术形态学"的名称,并初步确立了作为一门学说的相关概念、价值和研究范畴等命题。

当"形态"概念被引入电视研究之后,不同学者对电视节目形态概念的阐释也存在着差异。目前可见的代表性的表述有这样几种:一是电视节目形态是"指与电视内容相对应的外在表现形式"[1];二是电视节目形态是"电视节目形式的自然延伸和个性化拓展,也即由电视节目的形式、内容、气质和神韵构成的电视节目设计模板"[2];三是认为"在很多时候和很大程度上,电视节目类型和电视节目形态的概念是很接近甚至可以相互取代的"[3]。由此可见,学界对电视节目形态概念的意见不但不统一,甚至存在较大分歧。第一种意见将"形态"等同于"形式",研究视角显得十分狭窄。第三种意见则将"形态"等同于"类型",这样的等同不仅使得"形态"研究丧失了鲜活的生命力和价值,也对"类型"的研究造成了不必要的干扰。在以上列举的三种代表意见中,笔者相对认可的是第二种意见,这种意见肯定了电视节目形态研究的独立性和意义,也强调了其在实践层面的价值。以这一意见为基础,本书在讨论电视节目形态这一命题时,有必要对这一概念的基本内涵作出界定:

首先,电视节目形态应当是电视节目内容与形式的有机统一体。其与电视节目的形式不是一个概念,而是包含形式在内的节目的整体风格与气质。研究节目形态绝不应该仅限于形式的研究,而应是对节目价值诉求、表达内容、样式元素的

---

① 王彩平.电视节目形态创新方式探究[J].南方电视学刊,2005(4):54.

② 孙宝国.中国电视节目形态研究[M].北京:新华出版社,2007:7.

③ 李立.认识当代电视节目形态[J].新闻界,2006(1):72.

全面讨论。

其次,电视节目形态与节目类型虽然有较强的相关性,但其内涵与实质存在明显差异。"类型"概念与工业化、模式化有着天然的联系,它代表的是相对静止的稳定状态。而"形态"这一概念更具流动性和灵活性,其包含了类型元素,也可以通过类型来体现,但总体而言,"形态"可以是跨越和包含"类型"的。

最后,在讨论电视节目形态问题时,应当将"形态"的流动性作为一个重要命题来考察,从纵向角度思考电视节目形态发展和演变的趋势,从横向角度比较各种节目形态之间的异同,从而体现这一概念在节目策划与生产领域的实践指导意义。

三、电视节目形态研究的意义

从理论角度来说,进行电视节目形态研究的理论价值,在于揭示电视节目表达内容与形式之间的融通关系。关于美和艺术,黑格尔有过这样的论述:"如果我们回忆一下我们关于美和艺术的概念已经建立的原理,我们就会看出这个概念里有两成因素:一种是内容,目的,意蕴;其次是表现,即这种内容的现象与实在——第三,这两方面是互相融贯的,外在的特殊因素只现为内在因素的表现"①。由此可见,艺术的内容和形式是一个有机整体。电视节目学的研究方向十分丰富,有些研究重点关注电视节目内容与社会文化思潮之间的关联,有些研究侧重对电视节目样式的讨论,尽管这些学说自成体系,但如果缺失了将电视节目内容与形式作为整体进行考量的形态学研究,电视节目学研究始终无法完善。

与"形态"研究关联性较强的"类型"学说更侧重电视节目的分类,其主要研究目标是将一种节目与另一种进行区分与辨识,对电视节目中的元素、惯例进行分析,从而在节目生产环节提供某种标准。这一套研究体系对电影行业十分适用,长期以来,"类型电影"已经成为一种成熟和完善的学说。电影类型的发展相对稳定,考察电影发展史,我们会发现科幻、西部等电影类型在电影诞生不久后便已出现,经历了上百年的发展,表现手法虽然不断丰富,但是主要元素和惯例却一脉相承。期间出现的亚类型、反类型作品毕竟只是少数,对这些作品也同样能以母"类型"来做研究的参照标准。因此"类型"研究在电影领域是十分适用的。

而电视有其区别于电影的传播特点,当电视领域引入这一概念后,多少显得有些水土不服。相较于电影,电视节目类型的变异与发展显得随意而丰富得多。曾经在电视节目发展历史中存在过的很多类型,如"电视小说"、"电视散文"等早已不见了踪影。电视节目类型的更迭速度较快,影响电视节目类型变异的因素也更多。"类型"这一原本为"标准"和"稳固"而生的概念,在电视领域却始终面临着不稳定

---

① [德]黑格尔.美学第一卷[M].第2版.北京:商务印书馆,1997:122.

的状态。这种尴尬表现在电视节目类型研究的很多场合,例如,我国电视节目的分类标准至今也未形成公认的、科学的、能适应现实的严密的论断,这便是这一困境十分典型的体现。因此,以"形态"这一更为灵动的视角解读电视节目,显然具备科学性和现实性。值得注意的是,电视节目的形态研究不应成为类型研究的另一个名称,而应特别注意电视节目在价值追求、表现形式方面的流动性和发展性。这也是本书将关注重点确立为电视节目形态"演变"研究的理论基点。

"电视节目形态的概念是在电视节目发展的新阶段,也即在电视节目极大丰富的时期应运而生的,它是认识现阶段电视节目状况所需要的范畴,也是电视节目生产实践新发展在理论上的反映。"①从实践角度来说,电视节目形态是节目策划的出发点,贯穿节目生产的整个过程。一种电视节目形态包含着制作这档节目所涉及的所有组合元素及其组合方式。节目形态的设计研发者根据其基本特征,利用基本元素装置节目结构,并注入差异性的元素对节目风格进行调整与润色,这样的创作方式充分体现了电视节目形态是具有生命力的灵活生动的有机体。在电视行业,形态的借鉴与复制是一种惯用的节目生产方式,形态可以跨越文化和语言界限在世界各国的电视生产中流动。不同国家和地区的电视节目生产者在充分研究当地社会文化背景后,可以将通行的节目形态本土化,形成具有自身特色,适合本地区传播的电视节目加以传播。在国外,一种电视节目形态就是一种文化产品,要经过多次调查、测试与试播环节的考量,才能最终成为可以在节目市场上进行交易的有效商品。目前,我国电视行业的生产也逐步朝着更科学、更专业的市场化运作方向发展。一方面,电视节目的生产与创新需要尊重受众需求,遵守市场规则;另一方面,电视媒体也应当进一步体现对社会价值的追求,在电视节目创作中弘扬我国的优秀文化,传播高尚、健康的生活方式与思想,为提升全社会的文明层次作出贡献。我国的电视节目形态研究应当有着积极参与实践的姿态,对电视媒体在当下的良性发展发挥有效的作用。

---

① 孙宝国.电视节目三大概念[J].中国广播电视学刊,2009(10):34.

第一章　中国电视节目形态的演变历程

　　1958 年,北京电视台成立,这标志着中国的电视事业正式拉开大幕,发展至今已有近 60 年的历史。尽管在漫长的媒介发展长河中,这近 60 年的时光流变只是短暂的瞬间,但对于成长中的中国电视而言,却经历了怎样高估都不为过的巨大进步。这半个多世纪,是中国社会经历制度转型、经济转型和文化转型的重要时期。作为媒介的电视,参与、见证、表现了社会的巨大变化,其自身的发展也受到这些转型的深刻影响。随着电视传播环境的变化,电视节目形态也发生了翻天覆地的巨变,从 1979 年以前节目形态单一固化的基础阶段,到 90 年代以后节目形态逐渐丰富的发展阶段,当下的电视节目正经历着新媒介崛起所带来的冲击与机遇。社会环境的变迁引发了电视传播功能、传播观念的一次次变革。站在这一视角梳理我国电视节目形态的演变历程,无疑会使我们对中国电视节目的发展问题得出更深入的见解。

第一节　电视事业的诞生与节目形态的雏形草创
（1958—1978 年）

　　1958 年 5 月 1 日北京电视台开始试播。几个月之后,上海电视台以及哈尔滨电视台相继成立,中国的电视事业就此起步。从 1958 年到 1978 年十一届三中全会召开,此间 20 年,是中国社会经历政治风波和经济困难的时期。电视机构作为纯事业性质的单位,节目形态显现出较强烈的政治与宣传色彩。

一、本时期中国电视事业发展概况

　　在"大跃进"的背景下,中国电视事业的诞生与政治密不可分。北京电视台在没有做好充分准备的情况下匆忙于 1958 年 5 月 1 日开播,其中的重要原因在于当时有消息认为台湾将在这一年的"双十节"开办电视台。于是,北京电视台开播时间的确定便具有了政治意味。在 50 年代中苏友好的大环境下,我国电视事业诞生之初,从技术到节目设置都模仿和借鉴了前苏联及其他东欧社会主义国家的发展模式。在"大跃进"的背景下,最早的三座电视台成立之后,其他省份的电视台建设也迅速上马,到 1963 年,全国共有电视台、试验台及转播台 36 座。然而,随着经济困难程度的逐步加深,电视大跃进遭受了挫折与中断。"1963 年 2 月,全国广播事业调整,电视台、试验台仅留 8 座,不到原有 36 座的四分之一。"①

1966 年,"文化大革命"开始后,电视台原有的工作秩序被破坏。1967 年 1 月,北京电视台停播,全国其他电视台中除上海电视台坚持播出外,其余也都先后停播。"1968 年前后,各省级电视台陆续恢复。1970 年 10 月 1 日,新疆、青海、宁夏、甘肃、广西、福建开始正式播出或者试验播出电视节目。至此,除西藏自治区和北京市(北京电视台是中央级的机构)以外,大陆各省、自治区和直辖市都建立了电视台。"②尽管正常的节目生产与播出秩序在"文化大革命"期间遭到严重的破坏,电视节目园地陷入了百花凋敝的荒芜境地。但在电视技术方面,这一时期还是有一定的进展与收获的。1973 年,北京、上海、天津等电视台纷纷开始了彩色电视的播出。到 1975 年底,全国共有电视机 46.3 万架,平均每 1 600 人拥有一台电视机。

1978 年,"四人帮"被粉碎,在十一届三中全会召开之前的两年是文艺领域拨乱反正的阶段。伴随着国家政治生活的转变,电视事业也在逐步恢复。1978 年 5 月 1 日,北京电视台改称中央电视台,同一天,西藏电视台开始试验播出。同月,北京市有了真正意义上的北京电视台。此时,全国每一个省都成立了省级电视台,初步形成了以中央台为中心的全国性的电视传播网络,我国的电视事业基本成型。

值得注意的是,从 1958 年到 1978 年,我国的电视事业完全依靠财政拨款,没有承接任何广告,也不具备产业经营的性质。

二、本时期中国电视节目的发展概况

草创期中国电视节目形态单一,节目来源主要依赖电影、戏剧等行业,电视自办栏目以及电视剧数量较少。并且,因为受到多次政治运动的影响,电视节目的发展充满挫折,有时甚至是倒退。但从总体而言,这二十年中,中国电视节目无论在数量上,还是制作水平上,都存在进步与发展。根据统计资料,"从 1958—1976 年,电视节目平均每周播出时间由 3 小时增加到 1 222 小时"③。具体而言,这一时期中国电视节目的发展经历了三个阶段:

首先,从 1958 年到 1966 年"文化大革命"发生以前,是中国电视节目的起步阶段。在电视诞生初期,观众主要是党和国家的高级领导干部,普通民众观看电视的方式和观看电影的方式类似,必须到公共场所买票集体观看。早期的电视节目主要由新闻、戏剧转播、电影转播构成。当时电视的播出时间很短,主要是在晚间播放一些电影以及由中央新闻电影纪录制片厂制作的新闻短片。"最初,北京电视台

①② 郭镇之. 中国电视史[M]. 北京:文化艺术出版社,1997:8-13.

③ 国家广播电影电视总局统计信息. 历年电视节目播出情况[EB/OL]. http://gdtj. chinasarft. gov. cn/Tiaomu. aspx? Docld=48,2006-7-17/2017-5-25.

播放电影占75％,戏剧转播占15％;到了1959年底,故事影片占时50％,戏剧转播占时30％".① 可见,早期的电视几乎没有自己生产节目的能力,主要作为微缩型的影剧院存在。从1958年开始,北京电视台制作了我国第一部电视剧《一口菜饼子》。此后上海台、哈尔滨台等也开始制作电视剧。到"文化大革命"爆发之前,全国共制作电视剧约90部。由于技术手段缺乏,当时的电视剧制作粗糙,采用现场直播的方式,形式上更接近舞台戏剧的电视版,而缺少独立的电视剧审美特点。1965年后,随着"文化大革命"的逼近,电视中的政治内容逐渐增多。1966年2月,北京电视台播出了"铁人王进喜介绍活学活用毛主席著作经验"的电视讲话;3月8日,又开办了"活学活用毛主席著作,促进思想革命化"专栏。总结而言,这一时期电视节目播出时间短,节目形态单一,并且几乎没有体现电视特性的节目,而主要依靠电影、戏剧等提供节目。当然,电视台自身也开始了简单的电视单本剧创作,并且开办了一些电视讲话节目的专栏。这些节目体现了较强的教育与政治功能。

草创期,我国电视节目所经历的第二个阶段,是从1966年开始到1976年结束的"文化大革命"时期。在这一阶段,电视被定位为"无产阶级专政的工具",电视节目的内容经历了大幅度的调整,政治性内容激增,知识性节目大量减少,除样板戏外,其他文艺节目几乎全军覆没。这一时期是我国电视节目发展停滞甚至倒退的时期。当时节目可以播出或不予播出的所有依据都源自于各类政治性的审查标准。"1966年5月下旬,北京电视台为其'保证电视屏幕上大放鲜花,不播毒草'的目标,提出注意选编'优秀节目'类型,其中包括:宣传毛泽东思想、塑造革命斗争中的英雄形象、为工农兵的、为社会主义服务的好的或较好的节目,特别是'文化大革命'中涌现出来的创社会主义之新、立无产阶级之异在革命化、民族化、大众化方面有较大成就的优秀节目,其中属样板性的要反复播出;紧密配合政治、中心任务和重大节日的宣传活动,编选旗帜鲜明、战斗性强、小型多样的文艺作品;积极扶植工农兵及青年学生的业余文化活动,设立《工农兵业余文艺》专栏,等等。"② 而另一批节目则被认为是"坏节目"不予播出。"所谓'坏节目'是指,歪曲历史真实,专写错误路线的;描写犯错误的英雄人物,歪曲英雄形象的;描写战争恐怖,宣扬苦难,宣传和平主义的;专写中间人物的,丑化工农兵形象的;美化阶级敌人,模糊阶级界线,调和阶级斗争的;提倡资产阶级人道主义,宣扬人性论和所谓'人情味'的;描写谈情说爱,宣扬资产阶级、小资产阶级思想感情的;传统剧目,不管中国的、外国的,包括帝王将相、才子佳人和贵族戏等等。"③

从这样两份审查标准,我们不难看出,当时电视文艺节目已经陷入凋敝的状

①③ 郭镇之.中国电视史[M].北京:文化艺术出版社,1997:6-12.
② 赵玉明.中国广播电视通史[M].北京:中国传媒大学出版社,2004:312.

态,更有甚者,1966 年 12 月 31 日,中央广播事业局以电视观众人数减少,文艺团体及"文化大革命"前的电影停止发行为理由,认为电视节目来源匮乏,广大群众要集中精力搞"文化大革命"为理由,向中宣部递交了《关于停止电视播出的请示报告》。于是在 1967 年 1 月 6 日,北京电视台停止播出。至 2 月 4 日恢复播出后,每周播出一次。众所周知,一个国家的电视台是否正常播出是衡量这个国家政治生活是否正常稳定的重要标志。"文化大革命"期间我国的电视播出出现各种异常或索性停播,正是当时国家政治生活陷入混乱的一种表现。

"文化大革命"结束后,1977 年到 1978 年是文艺领域拨乱反正的时期,我国电视节目的发展也进入了调整与恢复的阶段。"1976 年 12 月 21 日,北京电视台转播《〈诗刊〉朗诵音乐会》,开始了大规模地为革命历史歌曲和著名文艺工作者恢复名誉的活动。以播放影片《洪湖赤卫队》和《东方红》为标志,文艺领域解冻了。"①在这个承上启下的阶段,电视节目参与并记录了重大的政治转折点,如关于"真理标准"问题的讨论以及对"天安门事件"平反的报道,播出了这些反映国家重要政治事件的新闻及纪录片。

在其他节目方面,相对"文化大革命"时期,这一阶段的节目形态也逐渐丰富起来。"文化大革命"期间为毛主席个人录制的一些传统京剧、昆曲被用以电视播出。《桥》《瓦尔特保卫萨拉热窝》等外国电影及电视剧也因为国家元首造访我国的特殊契机在电视荧屏播出。另外还引进了日本电影《望乡》等。这些影视剧的出现使得在"文化大革命"期间濒临荒芜的电视文艺园地又焕发出了生机。此外,各类专栏节目也重新启动,内容包括体育节目、儿童节目、卫生知识节目等。如北京电视台于 1977 年 10 月开办的《世界各地》以及 11 月开办的《外国文艺》成为当时国人了解世界各地风土人情的重要渠道。

1978 年 1 月 1 日,《全国电视台新闻联播》这个在中国电视史上占据重要地位的节目诞生了。作为到目前为止持续时间最长、影响最广泛的电视新闻节目,《新闻联播》通过全国性的电视网得以传播,可以说,它的正式成立是全国电视网成熟的一个标志。此外,至 1978 年 7 月,上海、广州、武汉等 8 座电视台可以向中央电视台回传节目,中国电视网交流传递节目的功能逐渐完整。

三、本时期中国电视节目形态的基本特征

总结这 20 年,中国的电视节目的发展虽然历经曲折,但也完成了从无到有,从直接播出电影、戏剧节目到自办栏目的飞跃。当时的电视节目形态主要有新闻、纪录片、电视讲话、电视剧、文艺科教栏目等。

---

① 郭镇之. 中国电视史[M]. 北京:文化艺术出版社,1997:16.

　　新闻是电视节目中十分重要的形态。在世界各国媒体的发展史上,任何一种媒体的新闻功能都是其与生俱来的天职。我国的电视新闻在早期,并没有生发出自己独有的新闻节目样式,而是依托中央新闻纪录电影制片厂,由其摄制《新闻简报》供电视台播出。不久之后,各电视台开始自办新闻栏目,其观念与形态均受到早期新闻纪录电影的影响。当时我国的新闻纪录电影学习和继承了西方纪录电影的"格里尔逊"模式,"视电影为讲坛",重视影片的宣传教育功能,呈现出以解说词为主导,画面为从属的风格样式。这种创作模式对早期中国电视新闻、专题片、纪录片创作的影响十分深远。由于创作条件有限,最早的电视新闻自办栏目是以图片配解说的方式出现的,这一时期条件较差的地方电视台大多采用口播以及图片报道的方式制作新闻。1959 年 4 月 18 日,北京电视台首次转播了第二届全国人民代表大会上周恩来总理所做的政府工作报告,这一年的 10 月 1 日还转播了天安门广场国庆游行活动。在常规的新闻栏目方面,《新闻联播》代表了这一时期我国电视新闻的经典形态以及总体水平。从新闻题材上来说,当时的电视新闻题材狭窄,主要是领导人参加政治活动以及各行各业的取得成就的报道,即使是社会新闻题材也受到较大限制,鲜有批评性报道。从表现形式上来说,这一时期新闻的形式以简讯为主,制作形式比较单调,给人的印象也比较刻板。在"文化大革命"期间,这样的情况发展到了极致,电视新闻基本成了政治的传声筒,千篇一律。

　　电视剧方面,这一时期是电视剧的草创阶段。尽管在北京电视台成立的当年就摄制了我国第一部电视剧《一口菜饼子》,但从总体而言,这一时期的电视剧基本是舞台剧的电视翻版,采用直播的形式,并没有形成属于电视剧艺术本体的审美特征。由于当时电视机数量少,电视的影响力较弱,大部分电视剧播出后稍纵即逝,并未给观众留下十分深刻的印象。在题材上,当时的电视剧注重思想教育意义,主要集中在下列题材:第一类是为了配合国家宣传任务而摄制的,如《一口菜饼子》的诞生背景是中央号召"节约粮食",发扬"忆苦思甜"的精神;第二类是歌颂社会主义新面貌的,如 1958 年上海电视台根据真实事件和人物创作的电视剧《红色的火焰》,主要讲述上海青年工人李志祥进行技术革新的故事;第三类是反映英雄事迹,进行革命传统教育的,如上海电视台在清明节期间播出的《百合花》等;此外还有一些针对少年儿童的教育类题材。

　　1966 年 2 月,北京电视台直播了电视剧《焦裕禄》,此后在"文化大革命"中,电视剧创作几乎停滞。除上海电视台在 1975 年和 1976 年制作播出了两部电视剧外,几乎没有其他作品。

　　在电视文艺节目方面,由于电视缺乏自办栏目的能力,大多数电视文艺是对戏剧、戏曲、电影形式的借用,或加以简单电视加工后进行播出。直接转播舞台剧目的演出以及电影,成为当时电视文艺节目的主要来源。此外,在演播室制作各类综艺晚会作为电视加工其他文艺形式的主要呈现方式。这些晚会一般也与政治环境有密切关系,如 1959 年庆祝建国十周年的文艺晚会等,以及从 1960 到 1965 年为配合亚、非、拉各国反帝斗争而制作的各类综合文艺晚会。在 1960 年,举办了第一次春节电视文艺晚会,梅兰芳等艺术大师在晚会表演。1961 到 1962 年,受到戏剧界"挖掘传统"和喜剧盛行的影响,电视开办了三次"笑的晚会",在社会上引发了不小的轰动,也为后来春节联欢晚会的摄制提供了经验和样本。在"文化大革命"中,除了样板戏外,其他电视文艺几近消亡。在"文化大革命"之后,电视文艺才逐步开始繁盛。因为电视录像技术以及彩色电视在"文化大革命"中的出现,"文化大革命"结束后电视文艺节目的表现手段得到了丰富和拓展,节目样式从直播逐步过渡到录播,制作水平逐步提升,也渐渐摆脱了此前大量依靠转播其他文艺形式的局面,出现了更多电视独有的文艺形态。1978 年春节,北京电视台恢复了春节电视晚会的播出,这场晚会尽管十分简单,但其中洋溢的热闹和喜庆的气氛还是感染了当时的电视观众。同一年,上海电视台首次采用录播的方式播出了《1978 年新春联欢会》,节目播出质量有了较大的进步。

　　总体来说,这一时期电视自办节目的能力还较弱,无论是新闻节目还是文艺节目,都较大程度的依赖了电影、戏曲等其他媒介形式,且表现出与政治密切的关系。尽管如此,电视在传递信息、传播知识、提供文艺娱乐方面的功能已经逐步显现,随着社会的进步和电视媒体的发展,这些功能很快将会得到更为充分的发挥。

第二节　产业化进程开启与节目形态的初步发展
(1979—1991 年)

　　有学者认为中国近现代社会共经历了四个转折点,前三个分别是鸦片战争、辛亥革命、中华人民共和国成立。"1978 年肇始的改革开放在某种意义上说是中国近现代社会结构性发展的第四个转折点。"[①]随着时间的推移,我们愈来愈明显地感受到这场改革对中国社会各方面转型所产生的重大而深远的意义。身处变革中心的电视媒体也因此经历了来自制度、市场、文化以及技术等外部环境的巨变。

一、本时期中国电视事业发展概况

　　改革开放政策实施后,我国的电视领域也相应发生了巨变。对这一时期电视发展产生重要影响的政策有下列这些:

　　首先,1980 年 10 月,中央广播事业局召开的第十次全国广播工作会议,对广

---

① 李培林. 中国社会[M]. 北京:社会科学文献出版社,2011:9.

播电视的发展前景进行了规划,制定了目标,"到本世纪末建成完整的、自成体系的广播和电视宣传网,中央电台、中央电视台和省、市、自治区广播电台、电视台,分别成为全国、省、市、自治区的新闻舆论中心之一,成为电化教育、科学普及、文艺欣赏和娱乐的重要阵地。为了实现广播电视宣传业务到本世纪末的奋斗目标,要把加速发展电视放在优先地位。全国广播事业规划会议认为,以建设卫星广播系统为重点,把加速发展电视事业放在优先地位,通过卫星广播系统的建设,实现电视在全国的覆盖"[①]。随后在1982年,中央广播事业局被撤销,中华人民共和国广播电视部成立。这次部制改革体现了国家进一步发展广播电视事业,加强全国广播电视系统统一管理的思路。

1983年3、4月间,第十一次全国广播电视工作会议召开。作为我国电视史上一次举足轻重的会议,不仅在名称上首次出现了"电视",会议期间制定的"四级办广播、四级办电视、四级混合覆盖"政策更是长久的影响了我国电视的发展格局,至今仍然发挥作用和产生效应。在此次会议召开之前,我国的电视机构由中央电视台与省电视台两级组成。"四级办"的政策直接催生了地级市及县级市电视台的建设与发展,我国电视台数量急剧上升,"由1982年代不足20个市级电视台一举增加到1985年的172个市、县电视台。电视发射台和转播台从1980年的2 469个增加到12 159个。财力雄厚的大企业、大单位也步其后尘,各自创办有线电视网"[②]。

1987年10月,党的十三大召开,这次会议进一步推进了电视的新闻改革。大会政治报告明确提出要增加对党务政务活动的报道,重大情况和问题要让人民知道,经人民讨论。

在一系列改革政策的推进与实施过程中,我国电视业的整体面貌在这十几年间经历了许多跨越式的变化。首先,从行业规模而言,电视台数量显著增加,技术手段不断进步。根据国家广播电影电视总局的统计信息,1982年底,我国电视台数量为47座,电视机的社会拥有量为18 476万台,电视人口覆盖率为57.3%。1978年每周平均节目播出时间为1 222小时,1991年这一数字增加到23 815小时。1985年8月,中央电视台开始使用通信卫星传送CCTV1节目,告别了之前纯粹凭借微波线路进行节目传送的时代。1988年全国广播电视厅局长会议进一步制定了逐步完善以卫星传送为主的广播电视节目传输系统建设方案。中央电视台节目传输应逐步达到以卫星为主,微波为辅的目标。省级电视台的节目传输主要使用专用微波线路。"1988年,全国卫星地面站的总数增加到8 233座。这样,一个以卫星传送为主,微波、地面收转和差转相结合的广播电视节目传输覆盖网络逐

---

① 王兰柱. 广电产业化进程中的节目形态演变[M]. 北京:中国传媒大学出版社,2007:22.

② 郭镇之. 中国电视史[M]. 北京:文化艺术出版社,1997:35-36.

渐形成。"①

同样在 1988 年,有线电视在四川、山东、辽宁等地的农村逐步发展。到 1990年,国家出台《有线电视管理暂行办法》,正式对有线电视进行制度管理。"到 1990年底,全国电视台达到 509 座,电视转播台、发射台达到 24 713 座,全国卫星地面收转站达到 19 505 座,广播和电视人口覆盖率达到了 79.4%。"②

在技术进步与规模扩大的同时,我国电视事业的经营方式也发生了翻天覆地的巨变。在改革开放之前,我国的电视机构属于事业单位编制,电视事业建设经费的来源是国家的行政拨款,电视机构既没有自负盈亏的压力,也没有开展经营活动的资格。当改革的春风吹到电视领域,电视媒介被赋予了产业经营的功能,也同时被推向市场,面临着自力更生的压力与动力。1979 年 1 月,上海电视台播出了我国电视历史上的第一条广告,同年 3 月,又播出了第一条外商广告。紧接着,广东电视台在这一年的 4 月也播出了广告,中央电视台在 9 月开始播出商业广告。

随着 1979 年成为我国现代广告业发展的启动之年,电视的产业化进程也正式开启。电视领域在注入商业元素后展示出了巨大的市场潜力,这一情况十分显著地表现为电视广告费数目在整个 80 年代的几何倍数增长。根据相关统计,在 80年代电视广告总额的年增长率远高于其他广告发布媒介,到 1991 年,电视广告收入总额达到 10 亿人民币,首次超越报纸当年的 9.6 亿元,跃居成为产业经营规模最大,社会影响力最强的"第一传媒"。

1984—1989 年各类广告额的增长率③

时期 \ 媒体	公司	报纸	电视	广播	杂志
1984 年	124.4	61.6	109.1	27.7	8.3
1985 年	37.2	86.4	102.9	13.0	115.3
1986 年	43.0	16.4	67.6	34.6	28.6
1987 年	30.5	38.7	46.8	34.2	25.0
1988 年	29.1	52.9	60.6	48.9	60.0
1989 年	9.1	17.8	33.4	7.1	18.1
平均	45.6	53.2	70.1	27.6	42.6

① 刘习良.改革开放中的广播电视(1984—1999)[M].北京:中国国际广播出版社,2001:266.
② 赵玉明.中国广播电视通史[M].北京:中国传媒大学出版社,2004:398.
③ 王兰柱.广电产业化进程中的节目形态演变[M].北京:中国传媒大学出版社,2007:29.

随着电视广告收入的逐步增长,电视行业的经费来源也发生了显著的变化:从改革开放前完全依靠政府拨款,到80年代初以政府拨款为主,广告收入为补充,再到80年代末,广告收入远超国家拨款,成为电视盈利的主要形式。根据相关统计,1987年,上海电视台经费来源中,广告收入与国家拨款的比例约为2比1,中央电视台的相应比例为2.1比1。这些数字与比例的变化印证了我国的电视媒体在这一时期正经历着从单纯的事业性质转变为兼具宣传、娱乐、服务、经营等多元功能的混合体。

二、本时期中国电视节目的发展概况

1979年,改革开放政策在各行各业的作用力逐渐显现。由于戏剧、电影行业也面临着产业化经营的新局面,这两个一向乐于无偿为电视提供节目的行业出于实现自身最大盈利的考量,断然停止了对电视的无私帮助。因此,缺乏充足自办节目能力的电视在改革面前面临的第一道难关便是断粮绝炊。尽管国家相关部门很快便协商处理了电影与电视之间的矛盾,放缓了电影停止向电视供应影片的脚步,但面对这样的危机,电视界意识到必须下决心自力更生,刻不容缓的加快自办节目的进程。在这样的行业大背景下,本时期电视节目进入了迅速成长的阶段。一方面,由于广告收入的增加,电视行业有更大的能力引进海外电视节目解燃眉之急;另一方面,电视行业也积极探索,与戏剧界结盟,大力提升电视栏目制作能力和电视剧创作水平。1979年10月,中央电视台举行了全国25家电视台节目联播的活动,这是我国电视史上首次大规模的节目交流,通过这个活动检验电视台自办节目的能力,促进电视节目的发展。

在引进节目方面,1980年4月,中央电视台开始通过卫星接收来自维斯新闻社以及合众国际电视新闻社的新闻录像,世界大事传播到中国的时效大大提升。一个月后,《国际新闻》栏目成为《新闻联播》的一个版块,也成为当时许多观众观看《新闻联播》的主要原因。在电视剧方面,为应对片荒,从70年代末至80年代初,中央电视台先后引进过美国电视剧《从大西洋底来的人》《加里森敢死队》,日本电视剧《姿三四郎》,巴西电视剧《女奴》,墨西哥电视剧《诽谤》等在中国观众中产生较大影响的剧目。这些引进的节目一方面弥补了我国电视自办节目的不足,另一方面也打开了国人的视野,加强了中外电视的交流,为我国自办节目提供了借鉴与启发,客观上促进了我国电视节目制作水平的提升。

这一时期,电视新闻的播出比重逐渐增多。新闻节目总时间明显增长的同时,单条新闻长度却在缩短,会议报道的播出量也有所控制。在80年代初,中央电视台每年约播出新闻三千余条。到80年末,这个数字增加到约两万条。至90年代初,则已达到约四万条。除了新闻的信息量有明显扩大外,受《国际新闻》板块的影响,我国的电视新闻制作观念也在悄然发生变化。从题材来说,出现了更多具有现场感、讲究时效性的新闻报道,题材范围有了较大的拓宽,出现了批评官僚主义、公车私用等现象的报道。1980 年 7 月中央电视台推出了新闻评论节目《观察与思考》,此后各类深度报道新闻不断出现,新闻节目的形式再也不局限于此前的简讯了。地方电视台的新闻节目也有所发展,各省级电视台都有自办的新闻栏目,播出频率增加到每天晚间一次,上海、广东等地的电视台还播出了早间新闻。中央台与地方台之间的新闻交流也因为技术的进步和电视网的进一步完善变得更为密切,在整个 80 年代,地方电视台提供的新闻内容占中央电视台新闻播出总量的二分之一。这张全国性的新闻宣传网的形成进一步增加了中央电视台新闻报道的触角,使中央台的新闻报道面更宽,时效性更强。在报道手段方面,继 ENG 新闻采集方式被广泛使用后,现场直播手段也被更为频繁地使用于重大政治活动的报道。在1984 年国庆阅兵、1985 年第六届全国人民代表大会第三次会议的开幕式等重要场合,中央电视台均做了现场直播。

在电视剧方面,最显著的变化首先体现在电视剧产量的提升上。这一时期,电视剧产量逐年上升,已远超电影产量。1981 年,"全国生产电影 100 部,电视剧已达到 150 部左右,多出二分之一"[①]。此后两者之间的差距更为悬殊。从 1985 年到1991 年,电视连续剧年产量由 121 集增加到 1 232 集。

1979—1982 年中央电视台电视剧播出量

1979 年	1980 年	1981 年	1982 年
18 部	103 部	117 部	235 部

除了产量显著提升以外,电视剧制作水平也在这一时期有了质的飞跃。1982年 7 月,电视剧艺术委员会成立。一年后,中央电视台电视剧部联合电视剧艺术委员会制作部以及中国广播艺术团电视剧团成立了中国电视剧制作中心,这个代表当时我国电视剧制作最有实力的机构直到今天仍然是优秀电视剧的重要出品地。有了实力雄厚的制作单位,我国的电视剧题材不断拓宽,也涌现出一批在社会上具有广泛影响力的优秀作品。《西游记》《红楼梦》等至今仍被观众奉为经典的作品都是在这一时期由中国电视剧制作中心摄制的。

在文艺节目方面,随着电视制作水平的提升,电视文艺的形式摆脱了此前对社会文艺直接播出或稍作改动的粗陋状态,逐渐发展出更多具有真正意义上电视属性的电视文艺节目。这一时期最为显著的进步便是一批电视文艺栏目的出现。1981 年 1 月,广东电视台依托毗邻香港的地理优势,率先从香港电视节目中获得

---

① 赵玉明.中国广播电视通史[M].北京:中国传媒大学出版社,2004:358.

启发与借鉴,开办了杂志型文艺专栏《万紫千红》。继广东台之后,上海电视台在1984年推出《大舞台》等文艺栏目,北京、吉林、天津等电视台也开办了类似栏目。进入90年代以后,中央电视台相继推出了《综艺大观》《正大综艺》等栏目,这些栏目在表现手段上更为丰富,内容也更为精彩,成为电视观众的收视热点。

此外,各类电视文艺比赛也是这一时期较为流行的节目形式。从1984年起,中央电视台与各省、直辖市和自治区电视台联合举办电视青年歌手大赛。这个每两年一届的比赛至今仍在延续,从未中断。青歌赛的影响力十分巨大,从这个舞台走出了许多知名歌手。与此同时,《全国戏剧小品比赛》《广告模特大赛》等比赛也办的如火如荼。

以春节联欢晚会为代表的大型电视综艺晚会也是这一时期最具人气的节目样式。在三次"笑的晚会"的基础上,中央电视台在1983年正式举办了第一届春节联欢晚会。导演黄一鹤采用了"电话点播""明星主持人"等开创性的形式,使晚会获得了轰动的社会影响力。由他执导的1984年的春节联欢晚会也十分成功。到1985年,黄一鹤突破了前两届晚会"茶座式"的形式,将晚会环境从室内演播室移到了室外,然而他渴望创新的良好动机没能收获观众的认可,这一年的春节晚会被形容为"砸了锅",中央电视台收到了大量的观众来信批评节目。由此,从1986年开始,春节联欢晚会又恢复为室内"茶座式",这一形式至今仍然保留。尽管作为一档"超级节目",近年来春节联欢晚会从内容到形式都遭到过观众的负面评价,有学者甚至对节目本身存在的必要性产生强烈的质疑,然而在民众娱乐生活还较为匮乏的八、九十年代,春节联欢晚会毫无疑问是中国最具号召力和影响力的电视文艺节目,已经成为观众欢度春节的年俗之一。它的繁盛也是电视在鼎盛期传播力的强有力证明。除春节联欢晚会以外,在这一时期,每逢重大节日和纪念日,各电视台也都会录制晚会。

此外,社教类节目在这一时期也逐步崛起。《祖国各地》《动物世界》等节目都形成了较为广泛的社会影响力。青少节目也有新的发展,目标受众逐渐涵盖各年龄段的儿童、少年、青年。纪录片、专题片也有了较大的发展。

三、本时期中国电视节目形态的基本特征

广告的加入使得中国电视事业进入了"事业单位,企业经营"的新阶段。传媒产业化的进程是这一时期电视节目形态得到发展的主要动因。尽管在改革开放之初,中国电视节目的类型仍然比较单一,但节目形态已经出现了多样化的发展趋势,电视节目的自主研发与探索逐步开展,出现节目交流交易的市场,对受众的关注与研究初步启动。可以说,这一阶段是中国电视节目各个类型形成的滥觞期,新闻、电视剧和文艺节目等主要电视节目形态形成。由于节目制作能力的增强,电视

节目生发了栏目化播出的萌芽,固定的栏目可以最大程度保证稳定的收视率,是电视节目生产进入更高级阶段的典型表现。具体而言,这一时期我国电视节目形态的发展具有以下特点:

首先,电视新闻全面改革,内容与形式较前一阶段有了极大的丰富。在我国电视事业刚起步的阶段,电影、戏剧节目的播出量在所有节目中占绝对比重,新闻节目仅作为点缀与补充存在。新生的电视在信息传播方面的功能几乎没有被挖掘,只能作为电影、戏剧戏曲等传统艺术形式的一种新的传播渠道存在。改革开放后,随着中国社会走入更为开放的新时代,电视新闻从制作观念到技术手段都发生了巨变,新闻节目在所有节目中的播出比重显著上升,逐渐成为地位最高的电视节目,真正体现了"新闻立台"。在这一时期,凭借《新闻联播》《观察与思考》等重要节目,中央电视台在新闻宣传方面的权威得以建立。《新闻联播》作为中国电视史上最稳定的高收视率新闻节目,其权威性在这一时期被充分体现。"1986年收视率为35%左右,1987年为42%左右,1988年为50%以上。"①

从题材方面来看,这一时期新闻节目展示中外社会的视角较前一时期更为宽阔。《新闻联播》中增加的《国际新闻》板块及时有效地将国外发生的重要事件传播给中国观众,其快节奏的剪辑风格也刺激了国内新闻表现方式的进步。在国内新闻方面,除了对重大政治事件做权威报道外,对民众所关心的体育、文化、社会新闻的报道内容也明显增多。值得一提的是,由于国家政策从阶级斗争转向经济发展,经济新闻成为这一时期新出现的新闻题材。除了散见于常规新闻中的经济新闻,这一时期还有相当数量的经济新闻栏目出现在电视荧屏。1981年10月,上海电视台推出了我国首档电视经济新闻栏目《市场掠影》,随后广东电视台也播出了自己的经济新闻栏目《市场漫步》。1984年,中央电视台成立了专门的经济部,并于1985年元旦推出经济栏目《经济生活》,这档栏目代表了当时我国经济新闻栏目的最高水平。

在报道形式上,技术的进步促使了电视新闻时效性的不断提升,现场直播、卫星连线等方式被更频繁地使用在新闻采制中。除了简讯以外,连续报道、系列报道等更为复杂的报道形式开始出现。对新闻事件的展示从过去简单的交代五要素、提供简单现场图片或画面的原始制作阶段,逐渐进步到更为深入全面表现新闻事实,分析新闻背景从而发表评论、引领舆论的深度报道类节目。其中,中央电视台的《观察与思考》是我国新闻评论节目的开山之作。这档开始于1980年的栏目,其名字便体现了栏目的宗旨不仅在于展示新闻事实,更在于对新闻事件进行调查、分析,以精准的评论体现思考的深度。这档栏目的选题涉及了百姓关注的政治、民生

① 刘习良.中国电视史[M].北京:中国广播电视出版社,2007:190.

问题,甚至不乏尖锐的批评性报道,在其发展过程中曾经历过停办又复办的困难与曲折。1988年,中央电视台成立了评论组,进一步提升新闻评论类节目的制作水平。地方电视台也纷纷开办了以社会热点事件为关注焦点的类似栏目,这些栏目凭借着针砭时弊的问题意识以及对百姓生活的密切关心赢得了电视观众的好评,成为这一时期电视新闻改革的先锋。

上世纪80年代国内良好的文化生态在电视节目中也有体现。除了新闻改革体现了对真相的追求与思考,电视纪录片的崛起也成为这一时期重要的文化现象。上世纪80年代中后期至90年代初也成为电视纪录片发展最为繁盛的时期。80年代初,与NHK合拍的电视纪录片《丝绸之路》《话说长江》的成功激发了我国电视文化纪录片的创作热情。此后,中央电视台又相继与NHK合作拍摄了《黄河》和《望长城》。其中《望长城》首次在电视纪录片中采用了纪实性创作方式,成为我国电视纪录片发展史上里程碑式的作品。在这部总长600余分钟的作品中,观众跟随着主持人焦建成探寻长城两边中国大地的风土人情。该作品通过主持人对普通百姓的采访,以及对他们生活真实状态的记录,表达对历史与现实的思考。这部作品关注历史现实的视角是普通百姓而非帝王将相,表达方式上注重同期声的使用,让采访对象直接发声,改变了此前纪录片创作重解说轻采访的状况,在各个方面都极具突破性,对此后中国电视纪录片的创作风格也有巨大的影响。同一时期,还涌现了《话说运河》《龙脊》《远在北京的家》等采用纪实手法拍摄的纪录片,与电影领域纪实美学的兴盛遥相呼应。除了这些大型纪录片,纪录栏目也随之兴盛,《地方台50分钟》、《祖国各地》等都是其中的典型代表。

从文艺节目和电视剧的发展来看。80年代中后期迎来了我国电视剧发展的第一次高峰,不仅电视剧产量有极大的提升,对电视剧本体特性的自觉探究也成为这一时期电视剧创作的显著特征。题材丰富是这一时期电视剧发展的首要进步,不仅有表现家长里短的家庭题材,也有一批恢弘大气的名著改编作品。不仅有体现电视剧通俗化特征的《渴望》《乌龙山剿匪记》这些流传甚广,带来收视热潮的剧集,也有《红楼梦》《四世同堂》《围城》这样忠于文学名著的改编作品,至今仍被认为是电视剧名著改编的经典与范本。文艺节目方面除了《春节联欢晚会》引发了观众的收视热情,其他新颖的节目类型也在这一时期出现。

为观众服务的意识也在这一时期得以建立,并明显的体现在电视栏目中,出现了专门的电视服务类节目。1983年中央电视台对服务类节目《为您服务》进行改版,设置了固定的节目主持人沈力,其亲切平和的形象成为一代电视节目主持人的典范。除了《为您服务》和《生活之友》这类综合服务节目外,其他围绕健康、征婚、美食等主题的专门性电视服务节目也在这一时期崛起。

考察这一时期我国电视节目形态出现的新的变化,有这样一些规律性的内容值得我们总结与思考：

首先,对外开放政策的实施促进了中国电视与世界电视的交流与合作。从国外引进电视剧、电视栏目成为常态,我国的电视剧也被广泛传播到世界各地。国内观众可以通过《国际新闻》《世界各地》等新闻、文艺栏目了解国外动态。中外节目的交融也直接的促使我国电视节目在题材与制作手法上的丰富与进步,还开始了中外合作拍摄电视纪录片等中外合作的电视项目。

第二,随着我国经济改革的深入,百姓物质文化生活的丰富,政治氛围的宽松,这些变化从深层影响着电视节目形态的变化,使其初步具有了多元发展的趋势。新闻舆论监督节目兴起,现场直播、深度报道等类型诞生,为我国电视新闻节目的进一步发展奠定基础。文艺节目方面,综艺栏目成为重要表现形态,文艺竞赛类节目开始涌现,以春晚为典型代表的大型综艺晚会成为电视文艺节目的收视支柱。这一时期,电视剧产量递增,质量显著提升,题材极大拓展,其独特的本体魅力得以展现,表现手法趋于成熟,积累了广泛的群众基础并形成了市场化交易的初步雏形。

此外,随着政治斗争时代的远去,对人的尊重成为时代的主音,加之电视产业化的发展也从客观上促进了受众调研工作的起步与发展。这一时期,电视行业的受众意识真正萌生,电视节目从策划到制作都体现了对受众需求与选择的重视。服务意识体现在各类型节目的制作过程,并催生了直接服务于观众生活的电视服务节目,为我国电视节目的进一步发展打下了良好的基础。

第三节　市场化程度加深与节目形态的加速发展
（1992—2000 年）

1992 年春天,是中国当代历史上具有特殊意义的一个时间节点。邓小平的南方谈话以及稍后召开的党的十四大明确了进一步解放思想,扩大开放,深化改革的重大国策。以这次重要讲话以及党的十四大为标志,中国的改革开放事业进入了新的历史阶段,取得了举世瞩目的新成就。作为关乎国家政治、经济、文化生活的重要存在,中国的电视媒体在这一阶段呈现出迅猛发展的全新面貌。

一、本时期中国电视事业发展概况

1992 年 6 月,国家颁布《关于加快第三产业的决定》。在这份重要文件中,广播电视被明确规划为第三产业,这意味着中国电视的产业化发展有了政策的保障和依据。当然,我国的电视事业虽然具有市场主体的属性,但其作为党的"喉舌"的政治属性并没有改变。在这一时期,电视行业一边经历着规模化和产业化的大扩张与大发展,另一方面,国家通过各种政令对私人经营、中外合资办台等经营方式予以禁止,对广播电视行业进行严格的规范与管理。在政策方面,这一时期影响我国电视发展的重要决策有下列这些:1994年1月底召开的"全国广播影视宣传工作会议"是20世纪90年代第一次关乎电视发展的重要会议。会议讨论和修改了《卫星电视广播地面接收设施管理规定》等多个文件,对卫星电视的规范发展提出了要求和规划;1995年2月召开的"全国广播电影电视工作会议"被认为是继1983年"第十一次全国广播电视工作会议"后又一次影响电视发展的重要会议。会议进一步讨论了史称"30条"的《关于进一步加强和改进广播电影电视工作的报告》,提出广播电视的发展目标,即"全国广播电视节目制作总量在现有基础上翻一番,使广播的人口覆盖率达85%左右,电视的人口覆盖率达到90%左右,使我国广播电影电视事业进入世界先进行列"[①];1999年9月国家颁布了《关于加强广播电视有线网络建设管理意见》,提出"在县级广播电视实行三台合一的基础上,由省级电视台制作一套公共节目供所辖各县电视台播出,从中空出一定时段供县级电视台播放自己制作的新闻和专题节目"。还提出"推进地(市)、省级无线电视台和有线电视台的合并,进一步优化资源的合理配置,减少内部矛盾"[②];2000年8月召开的《全国广播影视局长座谈会》将广播影视产业的体制创新作为会议的重要议题,对组建广播影视集团提出了规划与设想。当年12月,在这次会议政策的激励下,全国第一家省级广电集团——湖南影视广播集团成立了。

从1992年到2000年,我国电视产业的规模迅速扩大,电视台数量逐年增加,电视人口覆盖率也在这九年间增长了十几个百分点。在电视行业规模扩大的过程中,也出现了一些重复设台、违规擅自建台等不规范行为。针对这些情况,1997年召开的"全国广播电视厅局长会议"上出台了相关政策,对这些违规行为进行了治理。经过两年多的整治,不规范的播出机构逐步被取缔。尽管从数字上来说,我国电视台的数量从1998年开始有所减少,但有效的电视资源仍在进一步丰富,电视人口覆盖率继续增长。

1992—2000年全国电视台数量及电视覆盖率情况

年份	1992	1993	1994	1995	1996	1997	1998	1999	2000
电视台(座)	586	684	766	837	880	923	347	352	354
电视人口覆盖率(%)	81.3	82.3	83.4	84.5	86.2	87.6	89.01	91.6	93.65

这一时期的我国电视业的发展以1995年为时间节点可以分成两个不同的阶

---

① 刘习良.中国电视史[M].北京:中国广播电视出版社,2007:304.
② 《中国广播电视年鉴》编辑委员会.中国广播电视年鉴(2000年)[M].北京:中国广播电视年鉴社,2000:199.

段。其中,1992—1995 年这一阶段被认为具有"狂飙突进"的气质。这一阶段我国电视的硬件建设步伐神速,到 1995 年底,社会电视机拥有量为 2.5 亿台,电视频道数量比 1992 年增加了近 300 套。根据《中国广播电视年鉴》从 1993—1996 年的相关数据,全国电视节目频道数量每年均有大幅增量。从 1993 年开始,电视节目频道数量的年增长率分别为:17.2%、12.3%、9.9%。

1992—1995 年全国电视节目频道数量

年份	1992	1993	1994	1995
套数	644	755	848	932

经历了前一阶段突飞猛进的发展,到 1995 年底,中国电视的硬件设施与节目数量都已经十分繁荣,观众在节目观看时有充足的选择余地,其手中的遥控器成为决定各电视台经济效益的权杖。因此,从 1996 年开始,我国电视行业的进步并不主要体现在电视台数量或节目数量的增长上,而更多地反映在电视媒体影响力和节目质量的提升上,强化管理、资源整合成为这一时期的关键词。应当说这一时期我国电视业的发展进入了更为科学、理性、规范,更尊重市场的新阶段,这一时期我国电视业逐步由粗放发展转变为集约型模式。随着竞争的加剧,电视产业化程度得到进一步提升。这一时期最不容忽视的现象便是省级卫视的崛起对我国电视行业竞争格局的改写。从中国电视诞生之日起,中央电视台在全国电视媒体竞争格局中始终占领垄断地位。然而,伴随着大量省级电视台上星,此前"一家独大"的情况悄然发生变化。1999 年海南电视台完成上星,至此,全国各省电视台都拥有了一个卫视频道。尽管中央电视台拥有众多上星频道,凭借着规模效应,其在竞争格局中依然处于领先位置,尤其在对重大事件如 1997 年香港回归的报道中,其权威性不可动摇。但从市场数据中,我们依然能感受到省级卫视乃至省级地面频道对中央台收视阵地的蚕食。

1997—2000 年各类电视频道的市场份额(%)(数据来自 CSM 媒介研究公司)

年份 / 频道类别	1997	1998	1999	2000
中央级频道	37.51	35.97	31.53	30.48
省级卫视	14.8	15.35	16.9	17.2
省级地面频道	23.96	24.94	31.04	29.21
市(县)级频道	17.26	16.98	16.3	16.43
其他频道	6.47	6.76	4.24	6.67

表格中的数据较为清晰地表明了上世纪 90 年代中后期,中央级频道的收视份额逐年递减,省级卫视的收视份额逐年递增,其余地面频道收视较为稳定的市场格局。根据 CSM 媒介研究公司 2000 年在全国 62 个市县的调查数据,在卫视频道覆盖率前 15 名中,中央级频道尽管占了 9 席,但山东卫视、浙江卫视等省级卫视的覆盖率依然直逼中央级频道。竞争格局发生变化后,央视感受到了危机,并将这种危机转化为节目改革与发展的动力。"1999 年,中央电视台开始了反击动作,大力推进以'频道专业化、栏目个性化、节目精品化'为核心内容的宣传改革,全台电视宣传的方式、手段和效果都发生了显著变化。"[①]可见,省级卫视的崛起在客观上增加了我国电视观众的收视选择,使得电视行业的竞争加剧,客观上推动了这一时期电视产业的繁盛与发展。

2000 年全国 62 市县卫视频道排名(数据来自 CSM 媒介研究公司)

排名	频道名称	覆盖率(%)
1	中央 1 套	96.1
2	中央 2 套	81.8
3	中央 4 套	62.2
4	中央 7 套	60.9
5	山东卫视	59.7
6	中央 6 套	59.7
7	中央 5 套	59.6
8	中央 8 套	56.4
9	中央 3 套	56.0
10	浙江卫视	50.8
11	中国教育台 1 套	41.4
12	四川卫视	39.0
13	湖南卫视	34.3
14	广东卫视	34.2
15	贵州卫视	32.1

---

① 唐世鼎. 中央电视台的第一与变迁(1958—2003)[M]. 北京:东方出版社,2003:25.

二、本时期中国电视节目的发展概况

"1992年全国共有电视台586座,传输电视节目644套。1992年中央电视台全国电视观众抽样调查显示,60.8%的家庭能收看到4套以上的节目,16.7%的家庭能收看到3套节目,8.8%的观众能收看到2套节目,而能收看1套节目的仅占1.5%。中央台的节目从此前五年的两套增加到四套,各省级电视台一般也拥有两套节目,市、县等中、小电视台一般有一套节目。北京地区加上卫星电视和有线电视,一个家庭往往能收到10套左右的电视节目。"①这样的频道规模在此前电视史上已经处于巅峰,而经过九年的发展,在新世纪之初的2000年,我国电视频道数量又有了大踏步地增长。根据相关数据,"在1997年,我国城乡居民家庭平均能够收看到8套电视节目,其中城市观众平均收看到15套,(在有的大城市甚至能收看到20套以上),农村观众平均能收看到6套"②。

1996—2000年全国电视节目频道数量(数据来自《中国广播电视年鉴》1997—2001年)

年份	1996	1997	1998	1999	2000
套数	983	1 032	1 065	1 108	1 206

根据相关统计,从1992年到1994年,我国电视节目的制作量稳步增加,1995年的增量达到井喷的状态,总制作时长较上年增加了36.6%。这一时期,随着频道数量的增加,电视节目的需求量与制作量大幅度增加。而在1995年以后,根据央视索福瑞公司的调查数据,我国电视观众平均每天观看电视节目的时长已经趋于稳定,甚至在1998年后还有小幅回落。这些数据表明,在1995年后,我国电视节目的数量已逐渐趋于饱和,节目的成长主要体现在质量和影响力的提升方面。从整体而言,从1992到2000年,我国电视节目首先经历了节目制作规模的大幅提升,在1995年后,伴随着省级电视频道上星刷新电视竞争格局,引发电视节目竞争的加剧,我国电视频道的发展更趋理性,节目制作精品化程度提高。

1997—2000年人均日收视时长(数据来自CSM媒介研究公司)

年份	1997	1998	1999	2000
收视时长(分钟)	185	187	183	184

---

① 中央电视台总编室.1992年全国电视观众抽样调查资料汇编[M].北京:中国广播电视出版社,1994:9.

② 罗明,胡运芳.中国电视观众现状报告[M].北京:社会科学文献出版社,1998:3.

在这一时期,我国电视节目发展出现的新变化主要体现在以下这些方面:

第一,电视节目"栏目化"的观念日益成熟,电视频道"专业化"发展趋势明显。尽管电视栏目早已存在,但在节目资源稀缺的时代,"栏目"概念的市场意义并不存在。进入九十年代后,我国电视节目市场逐步成型,电视频道间的竞争日趋激烈。而频道竞争的核心环节便在于内容生产,一档电视节目想在竞争中获得利益最大化,必须进一步建立与受众之间的"黏性"。"栏目化"观念正是在这样的市场竞争背景下得以真正确立。这其中,中央电视台的《东方时空》在我国电视栏目化进程中起到了重要的推进作用。1993 年 4 月,《东方时空》正式播出,栏目以独特的个性和鲜明的辨识度迅速成为央视新闻改革的急先锋。《东方时空》借鉴了国外日播新闻杂志栏目的成熟经验,整合每期节目的选题与制作风格,呈现系列化、风格化的节目内容。栏目重视出境记者及节目主持人个人风格的打造,因此培养出一批知名记者和主持人,也正是这一批极具人格魅力的荧幕形象拉近了观众和栏目之间的距离,最大限度地还原了人际传播的人情味,增强了传播效果。栏目的口号、音乐等标识也经过系统设计,与栏目的传播内容一起形成了具有统一风格的整体。以《东方时空》为典范,这一时期一大批具有鲜明"栏目"意识的电视节目诞生,从整体上提升了我国电视节目发展的规范化和规模化。

第二,电视节目推行"制片人制",出现"制播分离"等市场化的节目生产方式。在这一时期,电视剧及电视栏目开始实行"制片人制",由制片人负责电视节目在内容及经营方面的全部问题。这种制度的实施使电视节目的生产方式沿着市场化的道路继续深化。这一时期,由于频道数量激增,节目需求旺盛的同时也面临着竞争的加剧。无论是电视栏目还是电视剧生产都需要更为精耕细作的投入。"制播分离"的方式将原来只能由电视台来承担的节目制作任务剥离给专业的影视制作机构,由独立的、完全市场化运作的影视制作公司完成节目的制作,并将节目出售给电视台供其播出。十分明显,这样的生产方式体现了社会分工的进一步细化,使电视节目的制作水平和市场化程度都有大幅提升。在这样一种更为科学的生产方式下,电视节目的生产效率和投入产出比被最大可能的提升。与此同时,电视节目的交易方式也变得更为多元。在 80 年代及 90 年代初,我国还未出现真正意义上的电视节目交易市场,当时电视节目一般是在国内电视台之间进行交流与互换。这种较为原始的以物易物的交换方式无法真正体现电视节目的价值,也较易引发版权争议。1992 年之后,随着电视领域市场化改革的深入,贴片广告等纯市场化的交易方式逐渐出现,真正意义上的节目生产与交易市场得以建立。

第三,我国电视早期单纯以"传者"为中心的传播模式逐渐转变为重视受众需求的双向互动方式。电视节目市场化的基础便是受众需求,在这一时期,为了满足受众需求,专业的调查公司应运而生。专业的收视率调查数据成为电视节目考核经济效益的重要指标,也是电视从业人员研究受众、策划节目的重要依据。尽管电视新闻节目受政治的影响依然明显,但也已显现出对受众需求的兼顾。而在电视剧、电视综艺娱乐节目中,观众的反馈对节目创作的影响则更为直接。社会转型期人们对娱乐的需求旺盛,因此在这一时期的电视剧更为明显的趋向通俗化,综艺娱乐节目更是大行其道,获得了蓬勃的发展。随着受众收看心理从"你播我看"转化为拥有更多自由选择权和互动性,这一时期电视节目的娱乐意识真正萌发。除了一批娱乐综艺类节目登上银幕,在谈话节目、电视剧乃至新闻节目中也或多或少的浸入了娱乐意识。

三、本时期中国电视节目形态的基本特征

从 1992 到 2000 年,我国电视市场化改革逐步走向深入,形成了新的电视传播理念与新的节目形态。丰富多彩的电视节目在题材内容、表现形式方面不尽相同,形成了互为补充、相得益彰的多元化立体传播格局。具体而言,这一时期电视节目形态的变化体现在以下方面:

改革与突破是考察这一时期电视新闻节目形态发展的关键词。"从 1992 年开始,新闻类节目逐渐成为各家电视台节目的主体,以新闻为主的中央电视台第一套节目覆盖了全国 80%以上的地区。全国上千家各级各类电视台当中有 800 家以上自办新闻节目。"[1]伴随着电视传媒的强势以及电视新闻节目的大发展,这一时期,从电视渠道获得新闻信息已经成为电视观众收看电视节目的主要诉求。在消息类新闻方面,以《新闻联播》为典范的联播类新闻栏目在内容与形式两方面都经历了极大的革新。这一时期的消息类新闻根据播出时间与播出平台的不同,发展出风格各异的丰富形态。早间时段,1993 年 5 月《东方时空》开播,与在其之前播出的《早间新闻》栏目一起构成了晨间新闻版块,改变了国人过去早晨不开机的收视习惯。其以昨夜今晨最新发生的资讯以及新华社等国内外重要通讯社刊发的重要新闻为主,为观众奉上一道全面、新鲜的新闻早餐。午间时段,1995 年 4 月,《午间新闻》栏目被改版为《新闻 30 分》,利用时差优势播出最新的国际新闻,改变了过去午间时段新闻仅是重播昨日新闻,毫无新意炒冷饭的粗陋状态。在晚间,新闻节目主打社会新闻牌,为观众提供轻松、幽默,亲切的社会性题材新闻。主持人也突破了严肃庄重的单一风格,出现了"说新闻"这样充满人情味的新的播报方式,与观众"零距离"的交流互动,为观众营造放松、趣味的晚间休闲氛围。而在双休日,许多电视台有针对性的制作了周末版新闻栏目,对一周内发生的重要新闻进行重新编辑,加入更多诙谐轻松的解读,形成了鲜明的都市双休日休闲风格。这其中,北京

① 刘习良.中国电视史[M].北京:中国广播电视出版社,2007:311.

电视台的《第七日》栏目以接近性、趣味性强的新闻题材为内容,配以精致生动的评论与解读,成为当时这类节目中的标杆。

除消息类新闻外,这一时期电视专题新闻也迅速成长为具有强大影响力的新闻节目形态。以《东方时空》为代表的电视新闻杂志节目,借鉴了杂志的编辑模式,将《东方之子》《生活空间》《焦点时刻》《金曲榜》这四个具有相对独立风格的板块通过主持人的串联整合为一道电视新闻拼盘大餐。这四个板块融访谈、纪录片、深度报道和音乐娱乐为一体,给观众提供了丰富的信息量和多元的观看感受。在栏目的发展过程中,《金曲榜》后被调整为《面对面》,使栏目的新闻性更为纯粹。《东方时空》在自身不断完善的过程中逐渐成为我国电视新闻杂志栏目的标杆与代表。这一时期出现的另一类具有深远影响的新闻节目形态则是以《新闻调查》为代表的电视调查类深度报道节目。1996 年 5 月,《新闻调查》栏目开播,作为当时篇幅最长,分量最重的调查类节目,《新闻调查》以记者调查为主线,关注重大新闻题材和社会热点问题,其开播不久便具有了鲜明的辨识度,在观众中形成了巨大的影响力。《新闻调查》栏目一定程度上借鉴了西方电视新闻客观缜密的报道风格,以沉稳务实、抽丝剥茧的调查与叙述为观众挖掘新闻事件背后的深度事实,提供具有思辨性的理性观点,在我国电视新闻园地中独树一帜,同时也培养了柴静、王利芬等一批优秀的记者型主持人。

以《焦点访谈》为旗帜的电视新闻评论节目成为舆论监督的重要阵地。从 1994 年栏目开播开始,《焦点访谈》很快便成为影响力巨大,收视率最高的电视新闻节目。相当一段时间内,栏目收视率稳定在 30% 左右,创造了新闻栏目收视率的高峰。与其他电视新闻深度报道不同,《焦点访谈》栏目的相当比重由主持人评论占据。栏目培养了一批具有思想内涵和思辨风采的记者型主持人,"用事实说话",以客观准确而又鞭辟入里的言论感染观众,引导舆论。《焦点访谈》的成功,标志着我国电视新闻节目中"新闻评论"这一种重要形态得以确立。

在这一时期蓬勃发展的另一种节目形态是电视谈话类节目。1954 年,美国 NBC 电视台播出的《今夜》被认为是世界上首档电视谈话节目。此后,"脱口秀"便成为西方电视类型中十分重要的类型,长盛不衰。我国的第一档电视谈话节目是 1995 年上海东方电视台的《东方直播室》。随后,中央电视台开设的《实话实说》栏目则将我国电视谈话节目推向了真正的高峰,这档存续了十余年的电视栏目成为一代电视观众共同的记忆。《实话实说》充分贯彻了平民化的电视传播理念,主持人崔永元既亲切朴实,又幽默风趣,通过他和嘉宾的对话使各色各样的社会性话题在央视的平台上得到讨论与展示。在《实话实说》的带领下,各地电视台掀起电视谈话热潮。原本显得有些高高在上的电视荧屏成为寻常百姓、社会众生展示个性与自我的舞台。

在这一时期,尽管传统的综艺类节目依然发展红火,题材更为广泛,形式更为丰富,但真正开启电视娱乐潮流大幕的是在90年代后期出现的更具娱乐价值的新鲜节目形态。中央电视台播出了《幸运52》及《开心辞典》这类既有益智元素又有娱乐元素的新节目。这种新鲜的形态一经出现便超越了此前《综艺大观》式的传统综艺节目,成为观众新的收视兴趣。而在制作观念更为灵活的地方台,娱乐的步伐则跨得更大。湖南卫视成为全国省级频道中最早吹响电视娱乐冲锋号角的电视台,其制作的《快乐大本营》《玫瑰有约》等节目以全新的面貌出现在电视观众的视野中。这些节目在内容设置上以"游戏化""戏谑化"为主,具有"去意义化"和"去权威化"的后现代文化特征,暗合了转型期大众的收视心理。在节目中由明星嘉宾参与游戏,拉近了明星与观众的距离。将人际传播的特点更为充分地在节目中得以发挥,因而具有更纯粹的娱乐性、消遣性和商业价值。"1999年7月10日,中国广播电视学会受众调查委员会对全国卫视频道的120个栏目的调查显示,经常收看人数超过4 000万的栏目有39个,除了中央台的'新闻联播'和'焦点访谈'外,湖南卫视的'快乐大本营'、安徽卫视的'超级大赢家'都位居前列,这对于仅仅开播一两年的新栏目来说,绝无仅有。"①总之,在这一时期,娱乐节目的形态更趋丰富,其中新型的现场娱乐节目成为一匹黑马,成为引领收视热潮和商业收入的排头兵。

2000年各类娱乐节目播出与收视状况（数据来自 CSM 媒介研究有限公司）

节目类别	播出时长（分钟）	收视比重%
单项文艺	13 519 308	7.37
现场娱乐节目	34 438 974	28.70
综艺其他	111 654 379	40.78
综艺晚会	11 958 988	15.01
综艺娱乐报道	34 538 055	8.14

1992至2000年,是我国电视节目形态迅速丰富,开始规模化发展的时期。直播观念、纪实观念、娱乐观念、谈话观念等各类新的电视传播理念共同作用于这一时期的电视节目制作环节,使得节目形态呈现出前所未有的多元与新鲜,电视进一步成长为受众获得信息、享受娱乐的最重要渠道。

---

① 王兰柱.广电产业化进程中的节目形态演变[M].北京:中国传媒大学出版社,2007:142.

第四节 传媒环境的变革与节目形态的繁荣调整
（2001 年至今）

进入新世纪后,中国电视业的发展可以用风云变幻、云波诡谲来形容。既在产业规模、技术革新方面经历了大踏步的进步,同时又因为新媒体的崛起而面临巨大的挑战。相较于以前的任何一个时期,新世纪以后电视行业面临的形势更为复杂,因此也呈现出危机与机遇并存的发展态势,新媒介环境下电视媒体未来的发展之路值得我们思考。

一、本时期中国电视事业发展概况

随着 2001 年 11 月,中国正式加入世贸组织,传媒产业的发展也被置于更为广阔的国际化背景下。此后,中国电视业的发展经历了十余年的迅猛发展,行业规模迅速扩大。"到'十一五'末全国电视广告收入 796.59 亿元,比'十五'末的 406.53 亿元增加了 390.06 亿元,增幅 95.95％,年均增长 14.40％。其他广告收入 43.80 亿元。"①这些数据充分表明,电视媒体已经成为真正的第一传媒,影响力巨大,广告收入位列各媒体之首,也成为广大民众获取新闻最权威的渠道及娱乐休闲最便捷的途径。这一时期,电视领域在技术、行业格局等方面经历了如下重大的变化:

最早,有线电视领域进入了整合发展的阶段。"2001 年 7 月 1 日,全国有线电视台与无线电视台合并工作全部完成,各台开始使用新的台标、呼号,并调整了节目设置。"②经历了整合的有线与无线电视台,资源配置更为合理,更易形成合力,全国的有线电视覆盖率也逐渐升高。科学的行业格局促使了电视频道数量的合理增加,电视节目制作量也水涨船高。在有线电视网络收入中,"'十一五'末全国有线广播电视收视费收入 322.52 亿元,比'十五'末的 159.56 亿元增加 162.96 亿元,增幅 102.13％,年均增长 15.11％。'十一五'末全国付费数字电视收入 25.29 亿元,比'十五'末的 3.27 亿元增加 22.02 亿元,增幅 673.40％,年均增长 50.55％。其他网络收入 139.63 亿元。截至 2016 年底,有线电视实际用户 2.23 亿户,其中有线数字电视实际用户 1.97 亿户。年末电视节目综合人口覆盖率为 98.88％"③。

---

① ③　国家广播电影电视总局统计信息. 历年电视节目播出情况[EB/OL]. http://gdtj. chinasarft. gov. cn/showtiaomu. aspx? id=e12b2401-37d0-4e46-a761-eaa925ec4622.

② 　国家广播电影电视总局发展研究中心. 2010 年中国广播电影电视发展报告[M]. 北京:新华出版社,2010:340.

在技术方面,2007 年 9 月,全国卫星模拟电视频道被全部关停,这标志着我国广播电视卫星传输进入了更为先进的全数字时期。数字技术的广泛使用,一方面极大地提升了画面质量,使得广大电视观众具有更为舒适的观看体验。另一方面,也极大地增加了频道容量。每一户家庭能接受到的电视频道数量从过去的二、三十套激增到上百套。电视观众手中的遥控器拥有了更多的选择,电视频道之间的竞争也因此加剧。竞争的加剧促使我国电视频道的发展更趋分众化,频道专业化程度进一步增强,也在客观上促使了我国电视节目制作水平的专业化提升。

2009 年 5 月,国家颁布相关文件推进三网融合向实质性阶段发展,并于当年成立了三网融合推进落实小组,制定了相应的计划时间表。经过数年的发展,目前我国三网融合的工作已经取得了巨大的进展。在三网融合为电视行业提供了巨大发展机遇的同时,伴随着互联网媒体的真正崛起,电视与互联网的竞争也进入白热化。2013 年,英国的互联网媒体广告收入首次超过电视,互联网成为了真正意义上的第一传媒。在我国,尽管到目前为止,互联网广告收入并未超越电视广告收入,然而在 2010 年之后,我国电视广告收入增量放缓与互联网广告收入逐年递增的反差却是不争的事实。电视观众数量的增加速度也急剧减缓,并且具有较强购买力的优质观众资源流失明显,仅是老年观众的数量有所增加。

当前,电视领域风云际会,不仅电视行业内部竞争白热化,电视与新媒体之间的竞争也日益加剧。在竞争的巨大压力下,电视产业的体制革新不断取得进展,电视节目生产的途径和模式在这一时期也变得更为多元化,出现了许多新的制作渠道。随着新媒体的崛起,传统电视业与互联网融合发展,形成了一些新的盈利模式。如内容生产方与平台运营方的合作,对广告收入进行分成分配,付费点播也成为新型盈利方式。2014 年,东方传媒集团和上海文化广播影视集团以及上海广播电视台三方经过资源整合,成立了国有独资的新型传媒集团 SMG;湖南广播电视台利用自身的优质节目资源成立了新媒体芒果 TV,探索传统媒体与互联网媒体的协同发展新思路。此外,浙江、福建、辽宁等省级卫视创立了以独立制片人为核心的新型管理结构,在体制内营造了跨地域、跨层级的自由节目交流市场。各大省级卫视在这一时期的特征更加鲜明,湖南卫视以"快乐中国"作为宗旨,成为电视娱乐领域的标杆;江苏卫视则主打情感牌,其创办的《非诚勿扰》栏目成为电视相亲节目中的翘楚,也创下了长久以来电视综艺收视率高峰的记录;海南省则将省级卫视更名为"旅游卫视",利用本身丰富的旅游资源作为频道发展的强大后盾,成为国内休闲娱乐类频道中十分重要的领头羊。这些风格旨趣各不相同的省级卫视使得这一时期的电视园地显得格外繁荣。

这一时期,民营电视制作公司也得到了大力的发展。一些实力强大的民营公司大举进入节目制作及运营领域,中外合作制作电视节目的情况也十分多见。中央电视台先后与韩国 MBC 电视台,以及灿星公司合作制作户外真人秀节目《无限挑战》。灿星公司还同时与浙江卫视等国内其他电视台合作摄制了收视影响巨大的选秀类节目《中国好声音》等。这一时期,国内电视节目尤其是综艺节目的模式引进成为常见的一种制作模式。模式引进类节目一方面将国外成熟的节目模式迅速的拷贝到国内市场,获得了巨大的市场收益。但另一方面,由于模式引进中存在大量雷同的模式,也较容易出现一窝蜂的现象,因此也给我国电视节目收视市场埋下了恶性竞争的不良诱因。在模式雷同的前提下,各档真人秀节目大都依靠明星争取收视率,为明星开出天价出场费,节目制作费用中的绝大部分都成为明星的片酬。这样的乱象不仅对国内电视节目的良性发展没有益处,也引发了一些负面的社会效应。因此在这一时期,广电总局发出各类针对电视娱乐节目的禁令数量也是历史最多,在这些禁令的规范下,目前一些弘扬传统文化,传播正能量的品格高雅的新节目开始出现在我国电视综艺领域。

二、本时期中国电视节目的发展概况

由于这一时期我国的电视频道覆盖方式呈现出无线、有线、卫星、网络等全方位、立体化的特点,受众在各种渠道都能收看到节目内容。由于"村村通"工程的实施,农村观众的群体在不断扩大,观众对节目的需求量也因此大大增加。在这一时期,电视节目生产力得到极大解放,无论是电视行业的管理者还是电视节目创作者都确立了以创新为核心的观念,使得这一时期电视节目的景观具有极强的时代性。这一时代景观的首要特征便是电视节目产量的持续增长。根据相关统计,2013 年全国电视节目制作量达到 339.78 万小时,2014 年为 327.74 万小时。从 2001 到 2010 年,除个别年份电视节目生产量略有回落之外,其余每年都有增加,具体情况如下表所示:

2001—2010 年电视节目制作情况(数据来自国家新闻出版广电总局统计网站)

年份	电视节目制作量(万小时)	增量(万小时)	增幅%
2001	157.88	70.77	81.24
2002	168.09	10.21	6.47
2003	210.86	42.77	25.44
2004	211.71	0.85	0.40
2005	255.38	43.67	20.63
2006	261.80	6.42	2.51
2007	256.71	−5.10	−1.95

续表

年份	电视节目制作量(万小时)	增量(万小时)	增幅%
2008	262.85	6.15	2.39
2009	265.36	2.50	0.95
2010	274.29	8.94	3.37

在产量上得到巨大提升的基础上,这一时期我国电视节目的发展呈现出高度类型化与娱乐化的特征,推出了一批具有深远社会影响力,并且获得巨大经济收益的现象级栏目。在全国范围内,除央视之外,还形成了以江苏卫视、湖南卫视、浙江卫视等省级卫视频道为代表的品牌频道,这些频道成为优质电视栏目的培育基地,引领了我国电视节目发展与创新的新思路。2005 年湖南卫视的《超级女声》作为我国首档形成巨大影响力的大型选秀节目,其广告及衍生的短信、赞助收入共计 1.3 亿元;2011 年东方卫视的《中国达人秀》单季冠名费等收入达 8 000 多万,而年度总决赛的广告收入超过 3 000 万,每 15 秒广告平均收益 33 万元,创下了当年省级卫视的广告纪录;2012 年同样是一个收获的年份:江苏卫视的大型相亲栏目《非诚勿扰》,其广告招标金额达 18 亿,比前一年增加了 162.2%;浙江卫视的《中国好声音》收视率居全国第一,在广告收入方面刷新了 2011 年《中国达人秀》的纪录,15 秒广告收入高达 50 万,其年度总决赛的广告及冠名收益更是超过亿元。

由于我国社会正处于转型期,社会生活节奏明显加快,经济、文化等方面都发生了巨大的变革,身处这种复杂多元的环境下,每个人的心理压力与困惑相较于传统社会而言迅速增加,人们对于娱乐的心理需求被最大程度的召唤与启发。从电视媒介内部而言,产业化发展的观念已经十分明确,综艺娱乐节目是众多节目类型中盈利能力最强的一类。因此,各类电视台无一例外的将节目制作重点放在这一节目类型上有其根本的市场原因。纵观这一时期电视节目的发展,综艺娱乐的一枝独秀已经是不争的事实。尽管广电总局在近年来频繁出台各类如"限唱令"、"限娱令"等政策,对综艺选秀节目进行干预和调控,控制其播出时间以及节目数量,但其播出比重在整体上仍呈现出逐年上升的趋势,2016 年全国电视综艺类节目的播出比重超越新闻时事类节目,成为仅次于电视剧的播出时长最多的节目类型。

2006—2016 年电视综艺节目收视比重(数据来自 CSM 媒介研究有限公司)

年份	2006	2007	2008	2009	2010	2011	2012	2013	2014	2015	2016
收视比重(%)	8.5	8.2	7.3	9.2	10.1	11.4	10.8	11.5	11.4	13.0	14.1

2016 年度各类型节目播出比重（数据来自 CSM 媒介研究有限公司）

节目类型	新闻时事	电视剧	综艺	教学	财经	音乐	法制	体育	电影	专题	生活服务	戏剧	青少	其他
播出比重%	13.6	29.2	14.1	0.1	0.8	1	1.6	3.9	4.5	6.3	7.6	0.4	5	11.9

在上世纪 90 年代,中央电视台一直是中国电视节目创作的旗帜与标杆,作为电视节目的行业领军者和最高水平的体现者。从 1993 年开始,央视推出的《东方时空》《实话实说》《焦点访谈》《新闻调查》《今日说法》《开心辞典》《幸运 52》等涵盖新闻、社教、法制、娱乐等类别的新兴节目显示了国家级媒体引领行业发展的风范,更直接影响了我国电视节目生产体系的构建。新世纪以来,作为实力强劲的中央级媒体,央视进一步设定了建成国际一流媒体的目标,一方面以扩大国际传播影响力作为新的工作重心,另一方面也大力推出了《百家讲坛》《星光大道》《非常 6+1》《谢天谢地你来啦》等节目参与国内电视市场的竞争。然而,在这一时期,其在全国电视节目创新方面的示范与领头效应已经削弱。凸显电视纯粹事业属性的中央电视台一家独大的时代已经不复存在,省级卫视的实力与日俱增,以湖南卫视为先锋,浙江卫视、江苏卫视等强势媒体迅速跟进,形成了我国省级卫视的第一梯队,紧随其后的还有东方、安徽、山东、广东卫视等。这些电视台在新节目的创作方面屡有作为,并形成了具有自身特色和品牌内涵的节目群落。这些电视台所取得的经济效益与社会效益不容小觑,完全可以与央视分庭抗礼,其在节目制作方面的灵活与多元甚至超越了中央电视台,成为现象级节目新的发源地。

三、本时期中国电视节目形态的基本特征

本时期中国电视节目形态极大地丰富,各种形态交替变化,推陈出新的节奏比此前任一时期都更为迅速。以受众为核心的节目策划、制作、播出观念得到深入确立。在新闻、娱乐节目、电视剧等主要节目类型方面有如下重要特性:

2003 年,中央电视台新闻频道成立。尽管在上世纪 90 年代末,地方媒体中已经出现专门的新闻频道,但央视新闻频道的成立仍是标志着我国电视新闻发展进入成熟期的重要事件。央视新闻频道采用全天 24 小时不间断播出,每个整点都有新闻栏目播出。国家级新闻频道的设立大大提升了我国电视新闻传播的时效性,实现了重大新闻随时插播、滚动播出以及连续报道、更新报道等丰富的报道方式,极大地扩大了我国电视新闻的影响力。在整点新闻之后的板块,新闻频道也安排了国际、财经、体育、文化这四类题材的新闻节目。此外,还开辟了新闻评论、新闻背景、法制、舆论监督等各种形态的新闻栏目,对整点新闻及专题新闻进行补充,为受众提供了立体化、全方位、多样式的新闻接收体验。央视新闻频道成立后,从未

缺席国内外重大新闻事件的报道,在抗击非典、汶川地震等重大新闻事件发生之时,央视新闻频道总是能在第一时间对新闻事件进行连续报道,央视的权威发声也成为民众在重大新闻事件发生时最依赖的信息获得渠道。

民生新闻的崛起是新世纪以后我国电视新闻节目变革中出现的另一股重要潮流。孟建教授认为"电视民生新闻的热潮是我国电视业经历的第三次变革,中国电视民生新闻,绝不仅仅是一种电视新闻节目样态的出现,就其实质和影响而言,可以说是构成了中国电视业的一次革命"①。以《南京零距离》的崛起为代表,我国电视民生新闻在新世纪之初,以鲜明的"民生视角",平易近人的讲述方式,赢得了无数电视观众的青睐,掀起了我国电视新闻的一轮收视热潮。长期以来,在民生新闻热潮出现之前,中央电视台在新闻领域独占鳌头,其新闻制作的理念与风格也深刻影响了地方台新闻传播的观念。一般而言,地方媒体只是将央视的国际国内新闻替换为本埠新闻内容,在表达观念上与央视新闻节目并无二致。民生新闻使得地方台的新闻节目首次出现了不同于央视新闻的特有风格,无论从报道内容还是表达形式上都体现了对新闻接近性原则的高度回应。在电视民生新闻栏目中,唱响新闻主角的并不是国家领导人或省市各级领导,一般也不是各行业的重要人物,而是你我身边的普通百姓。如果说中央级电视台主要关注"国家大事",满足了受众关心天下大事的收视需求,那么地方电视台对"平凡琐事"的播报则契合了观众关心身边家事的另一种需要。在报道风格上,民生新闻讲究世俗化、接地气的亲切日常风格,其往往还以幽默风趣、自然朴素的主持人评论打动观众。如《南京零距离》的成功与主持人孟非独特的形象与气质密不可分,这位光头新闻主持人打破了观众以往对新闻节目主持人正襟危坐、严肃庄重的刻板印象,其犀利生动的言论更是为节目圈粉无数。

在娱乐节目方面,这一时期唱响电视娱乐大潮主角的不再是大拼盘式的电视综艺形态。随着湖南卫视《超级女声》的大热,电视娱乐真人秀隆重登场,此后各类真人秀节目轮番占领收视鳌头,一发而不可收。在新世纪之初,中央电视台已经开始了引进国外电视节目模式的尝试,当时的省级卫视版权意识并不清晰,节目创作中的借鉴与模仿都显得比较随意。2004年湖南卫视的《超级女声》以美国电视真人秀《美国偶像》为模板,以高度商业化的运作方式和新鲜的节目设置捕获了电视观众的收视兴趣。观众可以通过短信投票的方式决定着每一位参赛选手从"草根"到"明星"的蜕变可能,这样的娱乐理念从根本上来说是对电视观众参与性和主体性的准确回应。它的走红并不偶然,此后,大量草根选秀类节目涌上电视荧屏,刮起了一阵热烈的"选秀"旋风。通过观众投票将"草根"变为"明星"的魔法直到现在

① 孟建.十年一剑,铸就中国电视民生新闻[J].现代传播—中国传媒大学学报,2009,(4):60-61.

仍是我国电视娱乐真人秀的一种重要形态。2010 年东方卫视引进了英国电视节目 Got Talent 创作了《中国达人秀》栏目,这一栏目又一次大获成功,成为继《超级女声》之后另一档此类形态的现象级节目。

而在我国电视娱乐真人秀发展至今的十余年历程中,源源不断地出现了更多的节目形态。在观众对把普通人变成明星的魔法产生些许审美疲劳之际,另一种把明星"打回"普通人的节目形态悄然流行。江苏卫视与浙江卫视几乎同时制作了明星跳水真人秀,邀请非体育明星参与跳水训练,在电视荧屏上进行跳水表演与竞赛。这些平日里风光无限的大腕们在自己完全不擅长的领域里表现出的艰难、笨拙与努力打动了电视观众。这一思路也成为另一类电视娱乐真人秀创作的主要理念。此后,电视真人秀在把明星还原为普通人的道路上走得更远、更彻底。《爸爸去哪儿》《爸爸回来了》《我们相爱吧》《奔跑吧兄弟》等栏目将明星生活中的方方面面展示在电视观众面前。

然而,在真人秀节目火热之际,一些短板也逐渐显现。首先,是我国真人秀节目几乎清一色都是模式引进,节目播出市场的火热并不能掩盖我国电视节目自主研发能力的不足,有时甚至出现国内两档节目同时引进国外一个原版的情况。其次,在众多以"明星"为卖点的节目中,同质化的恶性竞争在所难免。明星身价越抬越高,一档节目的制作费大头都花费在明星出场费上,节目为了吸引观众而流露出的猎奇和过度娱乐化倾向也造成了负面的社会效应。在这样的情势下,广电总局从 2013 年开始陆续出台多项禁令整治电视娱乐节目,其中大部分直接针对真人秀节目,对真人秀节目的模式引进、播出数量、创作指导观念等作出限制与引导。在政策的导向下,目前我国电视真人秀节目已经加大了自主研发节目模式的力度,对国外成熟制作经验的借鉴也从完全意义上的购买版权转变为中外合作和联合开发的道路。尤其是近年来兴起的电视文化节目热潮,被认为是对电视真人秀过度娱乐化的逆袭与突围。这些节目有效地提升了电视的文化品质,像一股清流注入我国电视荧屏,有效地纠正了过度娱乐化带来的观众审美疲乏,传播了优秀传统文化,也为未来我国电视娱乐节目的良性发展提供了新的思路。

进入新世纪后,电视剧生产确立了以观众为核心的创作理念,电视剧市场进一步成熟。在市场无形的手的指挥下,我国电视剧的类型进一步完善和丰富,家庭伦理、历史、武侠、谍战、农村等类型的电视剧都获得了较大的发展。在这一时期,电视剧制作机构数量与实力增长迅速。"2012 年广电总局公布的广播电视节目制作经营许可证合格机构 5 363 家,而 2007 年仅有 2 442 家,五年内翻了一番还要多,机构的增加直接导致了电视剧投资项目的增加。"①经过多年的发展,新世纪涌现

---

① 张国涛,胡智锋.2012 年国产电视剧生产与传播盘点[J].中国广播电视学刊,2013,(4):40-41、65.

出了如《激情燃烧的岁月》《亮剑》等革命题材电视剧;《士兵突击》《火蓝刀锋》等当代军旅题材电视剧,生动地通过普通士兵的经历与感受表现军队的生活;古装历史剧方面既有《新三国》《赵氏孤儿》等严肃风格的,也有《甄嬛传》《步步惊心》等演绎风格的;《潜伏》《悬崖》等谍战历史剧的大获成功刮起了谍战热潮;现代刑侦题材方面有《重案六组》等;农村题材电视剧有《乡村爱情故事》等;《裸婚时代》《奋斗》《媳妇的美好时代》等现实题材电视剧则关怀了不同阶层的普通人的生活,表现了当下我国社会在发展和转型时期人们的悲欢离合,演绎了人间百态。

除了传统的制作方式,近年来网络自制剧也成为电视剧的重要组成部分。2014年,随着搜狐视频推出的《匆匆那年》和《屌丝男士》,腾讯视频推出的《暗黑者》以及爱奇艺推出的《灵魂摆渡》等大获成功,这一年被认为是视频网站自制剧元年。视频网站具有制播合一的优势,又依托强大的资本,拥有对优质内容的独家播映权。这些新鲜活水为我国的电视剧行业格局带来新的发展动力。

然而,由于商业化气息的日渐浓郁,我国的电视剧创作也面临着一些发展困境。首先,一些电视剧中流露出追求平庸、低俗、煽情等负面价值取向的趋势。一些抗日雷剧中"手撕鬼子""裤裆藏雷"等情节流露出的恶俗趣味侵蚀着观众的价值观,也与社会主义核心价值观的内容背道而驰。其次,尽管我国电视剧的产量逐年增加,类型也日渐完备,但我国电视剧创作缺乏创意,跟风现象严重,显现出整体的疲态。往往一种类型的剧集获得良好收视率之后,会引发一批同质化的电视剧跟风。目前,我国的电视剧市场或多或少存在着浮躁与急功近利的问题,投资方仅仅看重剧集的收益而忽视剧集的社会效应和观众评价。例如时下播出的《深夜食堂》,其日本原版获得了口碑与市场的双重收获,而我国翻拍的版本尽管明星云集,故事模式也借鉴了日本原版,但开播之后却恶评如潮。究其原因,是编剧在打磨剧本时不够细致,仅仅模仿到了日版的形式,却没有书写出能反映我国当下普通人真实生活片段和真情实感的现实。

第五节 中国电视节目形态的演进成因

中国电视行业逾半世纪的发展历程也是一部电视节目形态逐渐丰富与成熟的成长史。近60年电视节目形态变迁的根因源自中国政治、经济、文化领域发生的深刻变化。伴随着全社会方方面面经历的巨大变革,中国电视事业的属性与功能发生了变化,观众的收视需求与心理期待也日新月异,电视的传播理念发生了深刻变化。

西方是电影电视的诞生地,美、英电视在刚起步的时候几乎就已形成了当代电视的一切基本形态。中国电视节目形态的发展并非如此,而是大致走过这样几个阶段:第一,从1958年到1976年。这个时期电视节目形态单一,除了播出一些电影或中央新闻纪录电影制片厂制作的纪录片外,像《图片报道》这样属于电视自己制作的新闻节目不仅数量少,而且只承担单纯的政治宣传功能,文艺节目和电视剧也侧重政治性而非娱乐性。第二,从1977年到1992年。伴随改革开放之风,中国电视开始了"市场化"的探索阶段。节目形态相较于前一个阶段有了极大丰富。新闻方面既有资讯汇集式的《新闻联播》,也有评论性的《观察与思考》,以《春节联欢晚会》为代表的晚会综艺类节目有了一定的娱乐性,出现了《话说长江》《望长城》等受到观众认可的电视纪录片,电视剧的题材也更为丰富。第三,从1992年至今。中国电视正式迈入大市场,节目形态极大丰富。新闻杂志类节目《东方时空》改变了早间的收视格局,新世纪初《南京零距离》开启了电视民生新闻。《快乐大本营》《超级女声》这样真正意义上的"娱乐"节目相继出现,脱口秀、真人秀成为轮流占领电视收视高地的节目形态。

回顾这段发展历程,可以作出如下描述:我国电视的功能定位从以政治宣传工具为主,逐步发展为承载政治、经济、文化、社会阅读功能的多元体,满足观众需求成为共识性传播理念。这一变化最直接的表现是电视节目形态完成了从单一到繁盛的进步。在梳理了迄今为止我国电视节目发展的几个阶段后,对电视节目形态演进过程背后的原因进行分析是一件极有意义的工作。

一、制度环境对中国电视节目形态演进的影响

我国电视业从起步开始便和其他传播媒介一样被定位于行政事业单位。在改革开放之前,计划经济时代,我国电视的主要功能是"党和国家的喉舌",不具备产业属性和盈利功能。电视行业的一切问题都由国家相关导向和政令决定。"大跃进"时期对电视事业的拔苗助长,以及因为经济困难导致电视业的迅速缩减等无一不取决于相关政策的规定与实施。这一时期的电视节目也紧密围绕政治大旗,以新闻和教育类节目为主,即便是文艺节目也被刻画上了浓厚的意识形态标记。这一时期的电视主要承担宣传教育的功能,传播信息和服务受众等其他社会功能仅作为附属存在。随着改革开放政策的实行,我国电视业的属性悄然发生着变化,尽管在执政党的领导下,喉舌功能永远是其第一位的属性,但伴随着市场制度的真正贯彻,电视行业同其他媒介及文化形式一起具备了产业属性。尤其是在90年代邓小平南方谈话之后,随着改革开放的进一步深化,电视行业的主要收入渠道不再是国家拨款,电视台成为必须自负盈亏,具备盈利功能的经营单位。

在这一时期,"事业单位,企业管理"的构想成为现实。大众传媒被纳入第三产业,进入市场竞争体系。体制变革引发的第一个火种出现在本已趋于弱势的广播,"珠江模式"引起了全国广播业乃至其他传媒业的关注。紧随其后,《广州日报》报

业集团成为我国第一家报业集团,报纸的体制革新正式拉开帷幕,全国多家报纸相继组建报业集团。在电视领域,"四级办"方针的导向使得我国的各级电视台数量庞大,这 3 000 家左右的电视台面临着巨大的竞争压力,随着省级卫视的上星,电视行业央视垄断的情形一去不返,传媒竞争日益加剧的背景下,电视节目的形态随之丰富和多元。在多元的发展过程中,信息传播功能历来占据着主要的位置,"当前,不论是国家的内政外交、关系百姓的改革动向、经济民生政策的出台、各行业的发展动态,还是旅游资讯、时尚潮流、国内外突发事件等等,只要观众想要了解的内容,都能在广播电视中一一找到,广播电视的信息传播功能在今天依旧占据着主导地位"①。在市场经济的大背景下,改革开放以前占主导地位的教育功能在这一时期被弱化。生搬硬套、刻板教条的直接教化不再为观众所接受,即便是社教类节目如《百家讲坛》《探索发现》等也注重可看性与收视率,使观众在获得愉悦和美感的前提下潜移默化地接受新知识、新观点。在市场的主导下,电视的娱乐功能日益凸显。近年来,娱乐节目的播出比重已经超越新闻。形式各异的娱乐节目成为人们观看电视的主要诉求,而即便在其他节目类型中,新闻信息等功能也都十分注重与娱乐的结合,主持人不再以严肃和高高在上的面貌示人,而追求让观众身心愉悦的接受信息,获得知识。此外,电视的服务功能也被提升到新的高度。我国电视诞生早期,服务类节目数量少,一般为观众提供大杂烩式的生活服务信息。随着市场意识的深入,电视分众的发展趋势更为明显,服务类节目在题材和内容方面进一步细分。出现了饮食节目《天天饮食》《贝太厨房》等;提供经济信息的《交易时间》《市场分析室》等;提供旅游信息的《走遍中国》等;养生保健类节目《百科全说》《健康之路》等;服务于女性的时尚栏目《美丽俏佳人》等。这些节目的受众明确,表达形式也日新月异,不仅依靠主持人的语言,还通过生动活泼的剪辑画面等表现元素让观众享受具有美感的服务。

二、传播理念对中国电视节目形态演进的影响

大众传媒的传播理念是政治、经济、文化等多种因素相互作用共同决定的。电视节目形态的更迭也在这些因素的策动下逐渐走向成熟。从这一角度考察电视节目形态的变迁,能够十分清晰的观测到我国电视媒体文化本体传播理念的逐渐确立。

从 1958 年到 1976 年,这 20 年我国电视主要作为宣传工具存在,其传播理念即是政治理念。电视节目作为意识形态的反映形式,不可避免的被刻上社会政治形态的烙印。在经济落后、以阶级斗争为中心的社会环境下,电视节目形态单一而

---

① 隋岩,吴娟.我国广播电视社会功能的演变[J].今传媒,2013,(6):8-11.

固化。电视的"喉舌"功能被极度放大,作为党和国家政策的宣传工具,电视节目从内容到形式都显得十分贫乏,表现出公式化、概念化的千篇一律。充满空话、套话的解说,成为本时期电视节目的整体基调。

改革开放以后,尤其是1992年邓小平南方谈话确立了进一步解放思想,深化改革的发展方针后,我国电视的传播理念从单一的政治先行发展为各种思潮互相碰撞与影响的多元状态。市场氛围下,以受众为中心的根本原则首先催生了电视平民化传播理念。随着媒介体制改革的深入,表现在电视节目的制作上,普通百姓更多地关注和参与电视,电视节目更注重表现平凡众生的生活百态,电视媒体充当"喉舌"的同时也成为广大民众的"代言人"。反映普通人的心声,重视观众的心理需求,已成为电视传媒发展的必然选择。1993年5月1日,《东方时空》栏目中《生活空间》板块提出的口号是"讲述老百姓自己的故事",这是我国的国家级电视台首次直接而明确的表达对普通人生存状态的关怀,栏目的开播标志着电视平民化传播理念的发端。1996年央视继续推出谈话节目《实话实说》,崔永元亲和幽默的主持风格和节目所倡导的平等对话的姿态,使得电视节目与受众的距离进一步贴近,这也是平民化传播理念在电视实践中的又一次重要实践。随后,以《南京零距离》为代表的电视民生新闻节目遍地开花,这种以个人故事代替宏观政治事件的新闻传播视角标志着电视平民化传播理念的真正确立和深入。

市场带来的变化还体现在个性与品牌理念在电视传播领域的确立。在改革开放以前,我国的电视格局呈现出金字塔式的结构,央视在节目影响力方面始终处于垄断地位,地方电视台除了转播央视节目之外,其他自身制作的节目也十分明显的受到央视节目形态的影响,无法体现自身的特色与个性。随着市场竞争格局的进一步形成,越来越多的地方电视台真正意义上参与了电视收视率大战,央视的绝对性优势不复存在。甚至由于体制的不够灵活,其在解放思想、栏目创新上的表现比之省级卫视而言还要逊色一等。这一时期大量以主持人命名的电视栏目出现,《鲁豫有约》《杨澜访谈录》等栏目都以主持人个人的人格魅力为标志,赢得了观众的认可。一线省级卫视也通过自身的品牌定位实现了经济收益和社会影响力的双赢。在这一阶段,湖南卫视打出"快乐中国"的旗帜,以《快乐大本营》《天天向上》等一批风格各异的电视娱乐节目在我国电视娱乐阵地占得先机;江苏卫视打出"情感"牌,《非诚勿扰》《我们相爱吧》等婚恋栏目体现了其频道的品牌内涵。电视频道都积极地通过塑造自身品牌来凸显创新意识,创造经济效益的同时也着力提升自身的文化品质。这样的发展理念与改革开放之前的电视传播理念相比已经发生了翻天覆地的变化。在不断变革的媒介环境中,电视节目的传播观念不断推陈出新,以适应市场需求。

三、技术进步对中国电视节目形态演进的影响

现代传媒的更替与发展和科学技术的进步密不可分。在世界传媒发展史上，正是由于无线电技术的诞生，促使报纸从"观点纸"变成"新闻纸"，同时催生了新闻通讯社以及现代新闻观念的形成。也是由于无线电技术的发明，广播媒介诞生并很快在新闻传播及家庭娱乐方面超越报纸成为强势媒体。此后，当人们完成了借助电波传送活动图像的技术革命后，电视媒体横空出世，给人们带来更为丰富和直接的信息获得及娱乐体验，迅速超越了广播成为第一传媒。当下，我们每个人都正在经历的新媒体革命，又极大地改变了电视行业的格局，也改变了每个人的用户体验。正如传播学大家麦克卢汉的真知灼见"媒介是人的延伸"所示，新技术改变着媒介，进而改变了人类感知世界、生产生活的各个方面。

就中国电视节目形态的变迁而言，技术进步的因素是其中至关重要的一个环节。1958 年 5 月 1 日，我国的电视事业起步之时，最初的电视拍摄设备是 16 毫米的电影摄像机，传送设备则是一千瓦功率的发射机。由于设备简陋，当时的电视节目几乎依靠外援。新闻节目依靠中央新闻电影纪录片厂提供，而文艺娱乐节目也主要来自电影和戏剧、戏曲。尽管在 1958 年当年，我国的第一部电视剧《一口菜饼子》就摄制完成，但由于当时摄录技术的局限，这部电视剧只能用直播方式播出，制作简陋，形态上也更接近舞台剧。60 年代初，录像设备出现，北京电视台的节目可以通过远距离微波传输传播到全国各地，在 1969 年，全国 15 个省、直辖市、自治区可以接收到北京电视台的信号。1973 年，我国的电视传播开始采用德国 PAL 制，电视播出终于有了色彩，彩色电视的出现进一步提升了观众的观看体验，但从整体而言，1978 年以前的电视传播受技术所辖，并不能在充分满足观众的信息获得和休闲娱乐需求上大展拳脚，广播、报纸仍是当时人们最为看重的媒介，年轻的电视节目还没有形成固定的栏目，也没有真正意义上的节目主持人，一切还处于草创起步阶段。

1978 年不仅是我国开启改革征程的出发点，在电视技术的发展方面同样出现了重要的革新。这年的 12 月，北京电视台已更名为中央电视台，开始使用 ENG 即电子新闻采集方式摄制新闻。与过去相比，ENG 方式的一大特点便是可以实现摄录同步，能把记者在新闻现场的采访以及报道画面充分、及时地传递给观众。电子新闻采集使电视新闻摆脱了过去新闻纪录电影的拍摄模式，确立了属于电视自身的新闻传播文体，大大丰富了电视新闻的表现力。通过对电视新闻素材的编辑与剪辑，使得电视新闻节目的精致度明显提升，表现空间也被进一步拓展。很快，在 80 年代后期，另一种更为先进的新闻采集方式 SNG 即卫星新闻采集出现了。借由这种技术手段，新闻记者可以随时将现场采集到的视频及音频信号通过卫星传

输回电视台,电视台可以通过卫星将信号直接切换成现场信号或进行编辑后播出,SNG 突破了 ENG 靠微波传输的方式,能够大大提升新闻的时效性,不受地域限制地实现新闻事件的现场直播,使得电视在新闻领域的竞争力大大提升,成为受众信息获得的首要渠道。

　　技术的拓展除了在提升电视新闻传播能力方面大有可为之外,也促生了其他类型节目制作理念的进步。从电视文艺娱乐节目的发展来说,早期电视文艺节目形态简单,电视演播室技术成熟后,实现了演播室大型晚会与活动的直播。在 90 年代以前,我国的电视文艺娱乐节目大多以室内演播室形态呈现。就炙手可热的电视真人秀节目而言,早期在模式引进的过程中,大多数都引进那些以演播室场景为主,室外拍摄为辅的节目形态。在新世纪之初,我国曾经尝试引进国外的野外生存类真人秀,但终因水土不服使得节目未能获得广泛的社会影响力。究其原因,除了节目中所展示的人与人之间直接的、赤裸的竞争关系不能为国内观众所接受外,无法达到室外拍摄对技术手段的高要求也是妨碍节目最终播出效果的重要原因。而近年来,我国的电视真人秀走出演播室的可能性大大提升,当技术不再是瓶颈,《爸爸去哪儿》《花儿与少年》之类的户外真人秀在大获成功之时便没有了后顾之忧。东方卫视与腾讯视频联合制作的《我们15个》还实现了室外 24 小时不间断跟拍的高难度技术,在连续拍摄时长方面开创了电视领域的新纪录。

第二章 中国电视节目形态的演变图景

获取信息与享受娱乐始终是观众观看电视节目最主要的两大需求。中国电视事业经过半个多世纪的发展后,电视节目历经了丰富的形态变幻,形成了完备的类型。在浩瀚的节目海洋中,新闻信息与文艺娱乐类节目始终是最主流的两种类型,本章将以这两类节目在发展流变中出现的重要形态为研究对象,探讨这些节目形态的主要特征及演变规律。对于其他在中国电视发展史上形成较大社会影响力的节目类型,本章也将分析其典型形态。

第一节 电视新闻节目的形态演变

一、中国电视新闻节目概说

中国的电视新闻事业几乎与电视同时诞生。1958 年 5 月 1 日北京电视台(中央电视台的前身)开始播出,当年的 10 月 1 日,电视台播出了当天天安门广场举行的国庆九周年庆典的新闻纪录片。11 月 2 日,我国第一个电视新闻节目《简明新闻》诞生。1976 年 7 月,中国电视史上最重要的新闻节目之一《新闻联播》开播了,相当一段时间内,每晚七点有数以亿计的电视观众准时打开电视机收看这一节目。"新闻立台"是我国电视一直以来最主流的传播理念,新闻信息类节目无疑是电视节目研究中的重点。

(一)中国电视新闻节目的发展

《新闻联播》是全国人民了解国内外大事的第一扇"窗口",并一度成为收视率最高的电视节目。各地电视台除了转播央视的《新闻联播》外,还相继推出了自己的地方新闻节目,也大都采用与《新闻联播》相似的消息汇编形式。

随着中国电视业的不断繁荣以及广大观众对信息深广度需求的日益增加,中国的电视新闻节目无论从数量、内容及形式上都有了较大发展。尤其是进入九十年代以后,以《焦点访谈》《东方时空》《新闻调查》等名牌新闻栏目为代表的一批有深度的新闻杂志型节目和评论类节目逐渐打响,打破了单一的"联播"式新闻主宰电视新闻领域的局面。这类新闻节目以其独特的视角,对新闻事件深层次挖掘,将真人真事原汁原味展现给观众,在社会上具有了广泛的影响,满足了不同层次观众对电视新闻节目的需求,也使得电视新闻除了具有以往传递信息、宣传政策的功能,又增加了舆论监督这一重要职能。与此同时,真正意义上的新闻节目主持人出现了,这就改变了长期以来新闻节目仅仅由播音员以同样的"播音腔""主持"节目的单调模式。敬一丹、水均益、白岩松等一批具有独特个人魅力的新闻节目主持人成为家喻户晓的明星,电视新闻也具有了各种不同的风格。

近年来,电视新闻的发展呈现出更为良好的态势,在原有新闻播出的基础上,又强调了对时效性的追求。对 97 香港回归、99 澳门回归等重大新闻事件的现场直播,成为我国电视新闻新的亮点,直播的方式深入人心,各电视台的新闻节目也尽可能的追求在第一时间反映新闻事件。除此之外,像北京电视台的《第七日》、江苏电视台城市频道的《南京零距离》等一批直接关注百姓日常生活的都市新闻节目也迅速在各地方电视台兴起,这类节目注重服务性、观赏性和与观众的互动性,节目主持人也大都具有较强的个性魅力和亲和力,这些要素使其成为目前我国电视新闻领域一种十分活跃的节目形态。各种类型的新闻节目丰富了电视荧屏,也从各个侧面满足了广大观众对新闻的不同需求,拥有了这样的基础,我国真正意义上的电视新闻频道才得以出现。2003 年 5 月中央电视台新闻频道的开播弥补了长期以来我国电视业专业新闻频道的缺失,也为我国电视新闻的发展提供了更为广泛的平台。以新闻频道开播为契机,又一批质量较高,形式较新的电视新闻节目出现了,也培养了更多有个性、有见解、深受广大观众喜爱的优秀新闻节目主持人。

(二)中国电视新闻节目的具体形态

在近 60 年的发展过程中,中国电视新闻节目的形态逐渐丰富。最早的时候,电视新闻并没有自己独有的形态,以播出新闻纪录电影为主,当时的新闻与纪录片之间的差别并不清晰。在后来电视开始独立制作新闻节目时,仍然或多或少地受到过纪录电影的影响。独立的电视新闻节目从最原始简陋的口播新闻开始,发展到今天,主要形成了这样一些形态:

第一类是消息类简讯汇编。消息汇编是出现最早的新闻节目形态,尽管其制作最简单,呈现方式也最原始,但作为电视新闻节目中的基本形态,消息类新闻在新闻节目族系中具有不可或缺的地位及长久的生命力。消息类新闻一般篇幅很短,最简短的可能只有十几秒或几十秒,长一些的也只有几分钟,在这么短的篇幅中,一般只有将新闻"五个 W"交代清楚的空间,不涉及更多深入的消息以及报道者的评论和态度。当重大事件发生时,消息类新闻是时效性最强的新闻形态,它可以以最快的速度使电视观众获取最重要的新闻信息,也为人们在短时间内全面了解各类信息提供了渠道。

第二类是新闻评论节目。"电视新闻评论是电视台对国内外新近发生的重大新闻事件,以及当前社会生活中存在的思想倾向、公众普遍关注的现象和问题发表看法、表明立场、观点、态度的节目形式,是电视新闻的重要组成部分。"①评论是新闻的观点和灵魂,我国著名的老一辈新闻工作者邓拓认为"没有评论的报纸不是一张完整的报纸"。电视新闻评论节目在引导舆论、表达立场和观点方面有着消息类新闻无法比拟的优势。

第三类是新闻杂志节目。电视新闻杂志节目是一种"综合性新闻性节目。它在固定栏目时间内采用杂志综合编排方式,以节目主持人主持的形式播出"②。即依靠主持人的串联将不同形式和体裁的新闻节目综合编辑在同一期节目中。电视新闻杂志节目的内容虽然丰富,各个组成部分的具体形态也不尽相同,但其并不是各种新闻形式的杂乱堆砌,各个版块的报道理念和总体风格是和谐统一的。

第四类是深度报道类节目。电视深度报道是对新闻事实全面、深入的一种报道形式,其在基本新闻事实的展示之后,更注重挖掘新闻事实的背景,追问事件发展的来龙去脉和前因后果,作为电视舆论监督的重要形式,深度报道是电视新闻节目形态中最为复杂和精密的一种,下文将详尽阐释新闻杂志节目和深度报道的具体特征。

二、电视新闻杂志栏目

1968 年,美国哥伦比亚广播网制作播出了世界上第一档新闻杂志栏目《60 分钟》。正如这一节目形态的名称所体现的那样,电视新闻杂志栏目借鉴了纸媒杂志的表现风格,在节目时长以及内容的丰富性方面,都是对消息类、联播式新闻的突破。而实际上,电视新闻杂志栏目呈现给观众的不仅是节目形式上的杂志化,更从制作理念上汲取了杂志媒体的传播特征。杂志与报纸的审美风格是决然不同的,杂志所体现的是综合性与专业性的结合,相对于报纸,杂志的文化品格更高,对事实的呈现更有深度,也更具有人文情怀,而这些正是电视新闻杂志区分于消息汇编新闻的差异化特征。

尽管在上世纪 80 年代末,一些地方电视台已经制作了类似形态的节目,如上海电视台 1987 年的《新闻透视》以及福建电视台的《新闻半小时》等。但我国第一档真正意义上引发观众关注的电视新闻杂志栏目是 1994 年中央电视台制作播出的《东方时空》。开播时的《东方时空》播出时间是清晨 7 点 20 分,含有四个版块,分别是《东方之子》、《生活空间》、《焦点时刻》以及《东方时空金曲榜》,节目总时长45 分钟。节目一开播便以生动丰富的节目内涵和新鲜的形态打动了无数电视观众,被认为改变了中国观众早晨不开电视机的习惯,其成功不仅是电视新闻节目的

---

①　高有祥. 电视新闻的理论与实践[M]. 北京:中国社会科学出版社,2002:209.

②　《广播电视简明辞典》编辑委员会. 广播电视简明辞典[M]. 北京:中国广播电视出版社,1989:75.

创新,也被看做是我国电视晨间节目的突破。

与传统的新闻节目相比,杂志类新闻栏目的内容含量更大,它可以融合消息、深度报道、评论、访谈等各种新闻体裁,避免了形式单一的缺陷。选题方面也不受局限,可以广泛涉及政治、经济、文化、娱乐等社会发展的每个方面。杂志版块型的编排策略还能"使节目具有很大的收视空间,观众可以选择自己特定喜爱的版块,在特定的时间观看"①。在电视新闻杂志节目中,主持人的作用突破了联播式新闻中主持人仅作为播音员的单一身份,而更像是一个引领者,引导观众观看节目。此外,杂志型节目主持人不仅负有播报新闻信息的职责,还掌握了更多的话语权,可以更为详尽和生动地向观众介绍新闻事件的背景、发展及形成原因。《东方时空》培养了水均益、白岩松以及张泉灵等诸多著名新闻节目主持人,这些节目主持人几乎成为了精品节目的代言人。

在《东方时空》的发展过程中,节目制作理念根据媒介环境的变化进行过改版,但其杂志形态始终没有变化过。节目历史上共有三次大的改版:首先是2000年11月的改版,节目时长从45分钟增加为150分钟,扩容后的节目不再局限于演播室,而仅以演播室作为协调中心,将新闻、生活资讯、深度报道等各个版块进行有机整合,相较于之前的节目,改版后《东方时空》增强了时效性,也彰显了服务性,并推出了周末版特别节目。2001年,《东方时空》又一次改版。这次改版的主要举措是推出了新版块《时空连线》,专注于最新的新闻资讯,将其与此前的《东方之子》《百姓故事》在定位和功能上作了区分。2004年9月,《东方时空》第三次改版,这次改版的直接动因是节目播出时间由晨间变为晚间黄金时段,与强势栏目《新闻联播》《焦点访谈》一起形成大的新闻版块,栏目在原有基础上,新增了《时空看点》《媒体观点》以及《时空调查》这三个新的子栏目,这三个子栏目强调了新闻评论元素,以及用数字说话的聚焦调查元素。改版后的《东方时空》进一步抓住了受众的眼球,其求新求变的核心理念是节目能够在较长时间内保持高影响力的重要原因。

三、电视深度报道

1980年中国电视史上的第一档深度报道节目《观察与思考》诞生了。尽管在今天看来,这档节目制作简单,形式也较为原始,但它第一次丰富了中国电视新闻节目的形态,使得在消息类新闻之外,电视新闻有了一种事实展示更全面,观点表达更深入的新的形态。更为可贵的是,这档节目主要以批评性报道为主,对当时社会上一些不良现象,例如"公车私用"等问题进行了揭露和批判。

真正意义上使中国电视深度报道走上规模化发展,并且形成了巨大社会影响

---

① 李幸.电视节目形态之我见[J].电影艺术,2004,(1):38-40.

力的标志性节目是中央电视台于 1994 年开办的《焦点访谈》栏目。这档节目的报道重点是揭露政府部门或其他公共权力部门的一些不作为或不恰当的行为,真正意义上行使了电视媒体监督权力,引导舆论的社会公器意义。节目的基本流程是十几分钟的短片介绍新闻事件的基本情况配以主持人在结尾尖锐的点评。《焦点访谈》的成功带动了全国各级电视台类似节目的兴办,一时间"焦点访谈"类的节目成为老百姓们遭遇不公正事件时首先想到的维权渠道。《焦点访谈》在成立的前五年,其选题的批判力度很大,关注了诸如"高考替考"、"买官"等触目惊心的社会黑暗面,收视率和好评度都非常高。但从 2000 年左右开始,节目的收视率却呈现出滑坡的趋势,这和节目选题逐渐丧失尖锐性有着密不可分的关系。"郭镇之等学者在本世纪初作出的调查显示:在政府机关机构中,县级、农村基层是媒体监督的主要指向,合计占总量的 73.8%。因此,有人称《焦点访谈》是'只打苍蝇,难碰老虎',也出现了'收视率历史最低,观众期望值历史最低'的情况。"①此外,节目的新闻性也在减弱,其报道内容往往已经不是热点新闻。在一些重大新闻事件发生时,没有《焦点访谈》的声音。栏目二十余年的发展沉浮,其间得失值得我们思考。

在《焦点访谈》开播后,我国电视深度报道领域出现的又一档标杆性栏目是《新闻调查》。尽管《新闻调查》和《焦点访谈》都是央视新闻评论部出品的深度报道类节目,但两者在具体形态上还是有很大的区分。首先,在节目时长上,《新闻调查》将《焦点访谈》的 13 分钟延长为 45 分钟。扩容后的节目在对新闻事件的背景挖掘,以及盘根错节的因果关系的展示更加严谨和到位。而更重要的变化,在于这两档深度报道节目的报道风格是截然不同的。尽管《焦点访谈》的口号是"用事实说话",但栏目的主观性还是比较强的,节目一般犹如一篇议论文,所有的事实作为论据被用来证明论点。而《新闻调查》离西方客观性报道的距离更近,栏目口号是"探寻事实真相",它并不是单纯扩容后的《焦点访谈》,而是具有独立报道风格的新的形态。可以说,《新闻调查》弥补了国内电视新闻长期以来调查类节目缺失的遗憾,以冷静、客观、理性、独立的姿态揭示了很多重大社会事件背后的真相,形成了巨大的社会影响力。纵观《新闻调查》的选题,既有关注国家大事的宏大主题,也有注重个体在时代变迁中的微观故事,只要是社会广泛关注的热点话题都可以出现在节目的关注之列。

在报道风格方面,节目摒弃了此前国内电视新闻中容易出现的"主题先行"的弊病,尽力以客观公正的视角看待每一个新闻当事人,节目保持着理性的头脑,在进行新闻事件的报道时不带偏见,也不先入为主。在一期关注"虐猫"事件的节目

---

① 杨嘉媚.我国新闻舆论监督类电视深度报道三十年——主要以《焦点访谈》和《新闻调查》为视域
[J].采写编,2009,(4):10-12.

中,节目根据种种线索追问虐猫事件的真相,当虐猫主人公的身份最终浮出水面后,栏目主持人柴静与这一位在网络上已被万人唾弃的"反面人物"进行了深入、平等的对话,使人们有机会了解这个在镜头面前踩踏小猫的女性的生活状态和心理状态。节目并没有对她进行简单的道德批判,而是更注重挖掘其变态行为背后的生存状态,最终,节目对广大网民和观众发出了呼唤和号召,呼吁他们不要继续对"虐猫"主使人进行人肉搜索和人身威胁,不要使"虐猫"变为"虐人"。从这样一期节目中,我们可以看到在《新闻调查》客观的报道手法之外,其更深的节目内涵是对真相的尊重和对每一个人的尊重,这样的报道虽然冷静但不冷漠,是有温度的新闻节目。此外,《新闻调查》还培养了一大批优秀的调查记者和记者型主持人。柴静、王利芬、王志等优秀的记者是中国这一时期电视新闻人才的杰出代表。

第二节　电视娱乐节目的形态演变

"娱乐节目是电视节目的类型之一,以娱乐项目或娱乐活动为内容,以多样化的形式进行呈现,最终达到使人娱乐的目的。"[①]在众多电视节目类型中,娱乐节目无疑是影响力巨大的一种,也是大部分电视台盈利的主要来源。许多学者甚至认为娱乐性是电视媒介最重要的属性,如"电视是一种远距离传送的有声有形的娱乐工具"[②],"电视主要是一种娱乐载体,在电视上亮相的一切都具有娱乐性"[③]。尽管这些论断存在争议,但毋庸置疑的是娱乐节目具有通俗性、流行性和娱乐性,因此受众群广泛,涉及了各年龄层、各文化水平及收入水平的人群,成为备受电视研究者关注的节目形态。

一、中国电视娱乐节目概说

与新闻节目相比,虽然我国电视娱乐节目的兴盛稍晚,但却一发而不可收,后来居上地成为电视最主要的收入来源。在我国电视娱乐节目近四十年的发展历史中,节目形态逐渐丰富,融合了音乐、戏曲、曲艺、运动、相声等各种娱乐元素,成为表现形式最为丰富的节目形态。与世界电视娱乐节目的发展轨迹不同,我国电视娱乐节目虽然起步较晚,但发展速度堪称迅猛,尤其是在上世纪九十年代末开始的电视娱乐大潮中,我国电视娱乐节目的发展节奏迅速。在西方国家,某种节目形态

---

① 王憬晶.中国大陆电视娱乐节目发展研究[M].杭州:浙江大学出版社,2015:2.

② 张志君.创新精神·平常心态·平等关怀——世界各国电视娱乐节目整体扫描及对中国同行的启示[J].当代电视,2000,(4):12-14.

③ [英]尼古拉斯·阿伯克龙比.电视与社会[M].南京:南京大学出版社,2001:6.

从兴盛到衰退的周期一般是十年左右,而在我国当下,某种节目形态的生命周期一般不超过三年,就会被更新鲜的节目彻底取代,仅有少数节目能在较长时间内保持着稳定的高收视率。这些独特之处,既体现了我国电视追赶世界电视潮流的进步,但也引发了由于无序竞争导致的乱象。

(一)中国电视娱乐节目的发展

我国电视文艺娱乐节目的发展大致经历了四个阶段:改革开放之前,我国的电视荧屏上并没有真正意义上的娱乐节目,而只有文艺节目,并且当时的文艺节目基本只是对其他文艺形式的录像,只是其他文艺形式多了一种电视化传播的渠道而已;改革开放之后,我国电视业才逐步开始出现"娱乐节目"的概念,广东电视台走在全国的前沿,于1981年开办了我国电视史上第一个杂志型文艺专栏节目《万紫千红》,其"设立了《小幽默》《轶事趣谈》、反映市井生活的系列小品《朝见口晚见面》和喜剧系列小品《乐叔与虾仔》等广受欢迎的栏目"①。在当时,这种拼盘式的节目形态十分新鲜,迅速地吸引了长久以来缺乏娱乐和轻松感受国人的目光,一时间全国电视台都以广东为典范,纷纷学习和借鉴这种形式。这种拼盘的形式进一步发展成为规模更大,制作更精美的电视综艺晚会,最典型的便是从1983年开始的中央电视台春节联欢晚会,在相当长时间内,以春节联欢晚会为代表的各种电视晚会成为最有影响力的文艺节目。晚会的热潮直到九十年代以后,电视综艺节目出现后才有所冷却,但作为一种包罗万象的电视文艺娱乐平台,这种形式直到今天仍然在延续;进入90年代之后,以《正大综艺》《综艺大观》为代表的电视综艺节目成为娱乐节目大潮中最前沿的形式。尽管这两档节目中都有"综艺"二字,但具体形态还是有所不同的。《正大综艺》融合了更多益智类节目的元素,当然其侧重点不在于嘉宾答题的比赛,而在于题目本身所展示的世界各地的风土人情。《综艺大观》则更像是一台小型的电视晚会,主要以轻松愉快的喜剧小品为主;90年代末,我国电视娱乐节目的领衔者不再是央视,而是后来被称为电视湘军的湖南卫视。湖南卫视在1997年推出的《快乐大本营》在相当长时间内成为我国电视娱乐节目的标杆。直到当下,更为新颖的真人秀节目已经取代了明星游戏节目的主流地位,但《快乐大本营》仍然坚持播出,保持着自身的魅力;电视真人秀崛起于21世纪初,至今已有十余年的历史,题材逐步繁荣,涉及人们生活、工作、娱乐、情感的各个方面,节目拍摄地也融合了室内与室外,蓬勃之势方兴未艾。

(二)中国电视娱乐节目的具体形态

我国电视娱乐节目的具体形态既有与其他国家共有的"真人秀"、"明星游戏"节目,也有"戏曲"这种我国独有的文艺形式。具体而言,主要有下列几种:

① 郭镇之.中国电视史[M].北京:文化艺术出版社,1997:31.

第一类是戏曲音乐类节目。这类节目主要保留了戏曲和音乐这两种艺术形式的自身特性,辅以电视化的表达手段。总体而言,这类节目的电视特性并不明显,主要还是戏曲和音乐的电视版,但由于其表现手法更丰富,传播范围更广泛,因此,对音乐和戏曲的大众化传播具有普及意义。主要的代表性节目有《同一首歌》《梨园春》等。

第二类是电视晚会。电视晚会一般都具有明确的主题,在重大节假日或纪念日配合特殊时间节点播出。晚会的特点是包容性强,其更多的只是提供一个场景与平台,音乐、舞蹈、相声、小品等各类艺术形式都可以在这个舞台上进行表演。晚会一般会由二名以上的节目主持人在各档节目之间进行串联和播报。在我国电视史上最重要的晚会无疑是中央电视台的春节联欢晚会,这档超级节目片头以及凌晨整点的对时广告曾经创下过天价。尽管随着时代的变迁,央视春晚一家独大的局面已经不复存在,观众对春晚的兴趣也逐年减退,各方的批评和质疑声也从未中断,但这档节目已经作为一种电视年俗保留在了我国的电视节目图景中。

第三类是益智类节目。最早的时候,我国电视荧屏上出现过一种"电视智力竞赛"类的节目,这应该说是益智类节目最原始的呈现状态。但益智类节目真正崛起,获得高收视率和高关注度是从央视推出《幸运52》《开心辞典》开始的。这类节目借鉴了国外同类节目在环节设置上的扣人心弦,但进行了较好的本土化改造,将国外同类节目强调高额奖金的赤裸的利益刺激转化为为了实现亲朋的家庭梦想而努力争取礼品的温情,因此获得了我国观众的认同。

此外,"明星游戏"节目和电视真人秀也是电视娱乐节目中影响力最强大的两种形态,本节余下的两部分将对这两种节目形态进行专题讨论。

二、电视明星游戏节目时代——以《快乐大本营》为例

每一种节目形态都有自己的生命周期,其衰退的原因,不能简单的归咎为节目没有创新或质量逐渐低下。事实上,现在的电视晚会无论从舞美、音效、节目质量等方面都比上世纪80年代的春晚高出许多,然而其逐渐沦为边缘的颓势仍然不可避免的发生了。从电视综艺晚会的逐渐弱势到真人秀节目的真正崛起,在这两种截然不同的节目形态推陈出新的时间差内,电视明星游戏节目隆重登场了。有学者认为,这种节目形态是综艺晚会和真人秀的过渡,"这种过渡形态体现在《快乐大本营》对晚会型娱乐节目叙事模式的解构和重建之后并保留了一些综艺性质,这些综艺性质在随后出现的益智和博彩等专业型娱乐节目中已难觅踪影"[①]。尽管在后起之秀电视真人秀面前,这种明星游戏节目的辉煌也已不在,但《快乐大本营》这

---

① 张凤铸,陈立强. 一种节目范式的解析:从《快乐大本营》说起[J]. 当代电影,2004,(4):71-77.

档已经 20 岁的节目作为电视节目中的超龄节目却依然保持着持久的影响力,其中的奥秘何在? 或许以这档最典型、最成功的明星游戏节目为典例,才是我们解读电视明星游戏节目特征最佳的角度。

(一)《快乐大本营》的发展历程

纵观《快乐大本营》二十年的发展历程,可以把它分成三个阶段:

从 1997 到 2005 年,是栏目的初创期,它的出现一举突破了央视综艺节目独占鳌头的局面。这一阶段的节目"以各类游戏的现场竞技为总体格局,以演艺界明星的文艺表演、协作单位的现场展示、观众的即时参与为依托,让观众度过一段既轻松快乐,又有艺术享受的时光"①。这一时期的《快乐大本营》不仅引发收视狂潮,而且也在 1998 及 1999 年连续两次获得金鹰奖,这充分说明这档节目不仅获得了观众的认可,也获得了专家学者的肯定,它的成功不仅是商业的成功,也是节目创意和文化创新的成功。与传统综艺节目不同,这档节目加入了全民参与的游戏环节,打破了传统综艺单向传播的局限,以一种平等的姿态面对观众,贴近观众。节目引发了全国各级电视台的追逐和模仿,一时间几乎所有的卫视都推出了与"快乐"、"欢乐"同名或接近的游戏节目,据统计,当时"全国省级电视台创办娱乐节目的有 33 家,地市级电视台创办娱乐节目的有 42 家"②。尽管这一时期有大量的模仿者出现,如《超级女声》这样更新鲜的真人秀形态也已渐成规模,但《快乐大本营》在不断地审视和反省中,通过各种细节的调整始终保持着收视优势。

从 2006 到 2007 年,是栏目发展的第二阶段。与前一阶段栏目异军突起,以鲜明的个性和辨识度傲立于全国娱乐节目阵营不同的是,这一时期电视娱乐节目的竞争达到了白热化阶段。在新生的真人秀节目面前,明星游戏的节目形态已经不具有优势,全国许多同类节目几乎都已经不再有传播优势,甚至已经停播。《快乐大本营》也感受到了危机,并把危机转化为动力,于 2006 年启动了栏目开播以来一次最大的改版。受到《超级女声》等平民选秀节目的影响,节目颠覆了开播以来主要以明星为主要表现对象的模式,从题材内容、嘉宾人选方面尝试生活化、平民化的风格,将各行各业的普通人和民间团体邀请进节目,制作了关于"儿童足球队"、"酒吧服务员"等专辑,从平凡生活中找到娱乐元素,主持人的语言也更平民化。

从 2008 年开始,是栏目发展的又一个新的阶段。由于平民选秀热潮的退却,《快乐大本营》也适时的调整了节目策略。由之前普通人做嘉宾的模式重新恢复为明星游戏节目。这一时期栏目最核心的创意便是推出主持群"快乐家族"。以何炅和谢娜两位明星级主持人为核心,带动维嘉、海涛、吴昕等新人,形成了独特的主持

---

① 赵红勋,李明海,赖黎捷.我国电视娱乐文化"奇观化"研究[J].新闻爱好者,2011,(12):20-21.
② 沈思.《快乐大本营》的持续影响力研究[D].南京:南京师范大学,2015.

人群体魅力,这种主持方式在湖南卫视的另一档娱乐节目《天天向上》中也被运用,成为学界和业界关注并研究的新的主持方式。"快乐家族"已经成为我国电视领域最具品牌价值的主持人组合群,是我国电视娱乐节目主持领域的标杆。

(二)《快乐大本营》的传播特征

与之前的综艺节目不同的是,在《快乐大本营》中,传统晚会节目中最核心的歌舞音乐节目只是一种陪衬,其他一些文艺元素甚至是非文艺元素成为节目的主体内容。所有这些元素围绕"游戏"这一核心理念,为观众带来轻松愉悦的感受。具体而言,以《快乐大本营》为代表的明星游戏节目有如下传播特征:

首先,与综艺晚会的稳定结构相比,明星游戏节目的形式具有博采众长的灵活性。在之前的电视综艺节目中,每一个环节都是事先安排好的,每一个具体的节目会按照串联顺序逐一展示,观众看到的是经过严丝合缝安排的节目,是一种完全稳定但缺乏刺激和惊喜的感受。而《快乐大本营》则打破了这种稳定性,尽管节目流程也是事先确定的,但节目编导只是对节目的整体流程做大体时间的分配和环节顺序的明确,对节目中每一个环节的细节处理却可能出现千变万化的临场发挥,主持人与嘉宾的语言也不是综艺晚会那种完全写好台本,一字不差的背诵,而是仅有一个大致谈话的思路,更像脱口秀。节目甚至不排斥主持人和嘉宾的一些失误,将这些突发与偶然也作为节目内容对外播出,虽然显得不够严谨,但却生动活泼,获得了大部分年轻观众的喜爱。

其次,节目定位清晰明确,以"快乐"为核心诉求,打出了"快乐大本营,天天好心情"的口号。长久以来,我国电视娱乐节目更多呈现的是文艺节目的性质,羞于直接谈娱乐,即使"娱乐",也要标榜为"寓教于乐",刻意地强调娱乐节目的教育意义是大量娱乐节目并不娱乐的根本原因。许多晚会类的节目,往往具有某个严肃的主题,其更像是以文艺的形式来做某种主题教育。而《快乐大本营》从推出开始,就抛弃了所谓"寓教于乐"的惯性思维,而是直截了当的打出"快乐"的口号,以平等和坦然的姿态面对观众,释放了中国观众克制已久的游戏本能。值得注意的是,尽管节目定位于纯粹的"娱乐"。但其格调并不低下,节目中普通人生活状态的展示,对快乐的传播,不经意间实现了"寓教于乐"的功能。

最后,从节目范式上来说,《快乐大本营》真正体现了观众的参与性,在此前的电视晚会中,实际上是舞台上的演员的单向输出,观众的反应镜头是作为一种辅助存在的,将这些镜头去掉并不影响节目完整的观赏效果。而在《快乐大本营》及其他明星游戏节目的现场,主持人、嘉宾和现场观众之间是存在着明显的互动的,这样互动的氛围是对传统节目形式的解构,也影响了电视机前观众的观看状态。"在这种体验中,电视机前的观众易于将自己比附在现场的观众身上,形成一种替代参与。现场观众,现场节目,电视机前的观众,在节目中互相牵扯,扭成一个分不清你我的节目整体,你中有我,我中有你,模糊了节目类型意义上的边际,同时也模糊了文本与接受之间的边际。"①张凤铸教授的论文认为正是这种模糊了边际的传播方式使得节目呈现出某种后现代特征,并具有了"狂欢"的气息。

（三）《快乐大本营》的成功之道

从 1997 年《快乐大本营》开播开始,节目收视率迅速占据全国综艺娱乐节目的榜首,超越了央视的老牌综艺节目《综艺大观》和《正大综艺》,这是地方台娱乐节目首次对央视的反超,并成为示范引发了全国电视台模仿。在 2009 年之前,《快乐大本营》的节目收视率一直位列全国同类节目之首,在 2009 年之后,由于《非诚勿扰》《爸爸去哪儿》等新生的电视娱乐节目的冲击,其收视率尽管不再每年都荣登榜首,但依然始终保持在前列,这对于一档 20 岁高龄的娱乐节目来说是十分难能可贵的。

2010—2014 年《快乐大本营》收视份额情况②

年份	排名	收视份额%
2010	2	3.65
2011	3	3.07
2012	2	7.10
2013	2	6.41
2014	4	4.19

首先,《快乐大本营》的成功应当归功于湖南卫视对自身在媒体市场中准确的定位。在上世纪 90 年代中期,我国电视节目各类型之间的结构并不平衡,新闻节目占据了最主流的地位,而娱乐节目则显得没有太多生机。湖南卫视上星后对其自身的定位具有清晰的战略性布局。在一个新闻节目已经趋于饱和的市场环境中,地处内地的湖南在信息传播方面并没有独特优势,与央视具有重大新闻的优先发布权相比,地方台想在新闻节目中另辟蹊径的可能性不大。相比之下,湖南本地的电视台在娱乐节目方面的经验却更为成熟。在 1995 年,湖南成立了除湖南台之外的另一家电视台——湖南经济电视台。湖南经视的成立激活了湖南电视界的竞争力,这家电视台以"平民化"、"娱乐性"为核心定位,以活泼的频道风格迅速成为湖南电视届的一匹黑马,拍摄了琼瑶系列电视剧,获得了很高的经济收益,也推出过一档娱乐节目《幸运 3721》,这档以游戏为主的电视节目在湖南本地有很高的人

---

① 张凤铸,陈立强. 一种节目范式的解析:从《快乐大本营》说起[J]. 当代电影,2004,(4):71-77.

② 数据来源:央视索福瑞媒介研究,泽传媒综艺传播指数,收视份额是《快乐大本营》在全国综艺类节目中所占的市场份额。

气。这些经验和策略是《快乐大本营》成功的基础。

其次,《快乐大本营》长盛不衰的原因还应归功于成功的受众策略。从栏目开播开始,其就将目标受众定位于青年,直到当下,栏目已经走过二十年,已经完成了第一万期的播出,但其目标受众没有变化过。应当说,这是一个具有科学策略性的定位。青年是国家未来的希望,任何媒体都希望自己的受众群体是有发展前景,代表社会发展的新方向和新思潮的。电视媒体在面对互联网强烈冲击时所显现出的一个严重危机便是年轻观众的流失,受众年龄结构的偏大。在《快乐大本营》开播之初,我国文化的开放脚步依然较为缓慢,当时最早接触港台娱乐文化以及流行音乐和影视作品的人群便是热衷于追逐时尚的年轻一族,他们是明星游戏节目的潜在观众。尽管当时国内并没有这样的电视节目,但青年们还是有各种途径接触港台的电视娱乐节目,这些年轻观众在观看《快乐大本营》时是有心理基础和文化契合的。正是由于年轻观众的追捧,节目才逐渐打开市场,拓宽受众面,从而最终形成了巨大的节目影响力。

最后,与时俱进的改版和改革是《快乐大本营》保持持续影响力的原因。在《快乐大本营》的二十年节目史上,涉及节目理念以及节目播出方式的重大改版就有四次,而细节的调整更是不计其数。其诞生之时就以创新独树一帜,在几年后却推翻了最初的明星游戏的模式,汲取了平民选秀的内涵,将节目变成展示一切"有意思的人"的平民游戏,而当草根选秀节目泛滥之时,其又回到以明星为主的节目形态。创意性的"快乐家族"主持群更是突破了传统电视节目的主持风格。这个主持群并不是简单的多主持人不分主次的共同主持,与央视春晚上多名主持人共同主持的格局完全不同。在这个主持群中,各个主持人角色定位明确,每个人的作用和地位也不一样,并且形成了良好的人际互动,他们之间的默契配合为节目提供了很多鲜活的笑点,创造出了与节目风格和谐统一的情境。

三、电视娱乐真人秀时代

在西方,真人秀节目被称为"Reality TV"。这种节目形式流传到国内后,学界一般认同尹鸿教授提出的看法,即"真人秀作为一种电视节目,是对自愿参与者在规定情境中,为了预先给定的目的,按照特定的规则所进行的竞争行为的记录和加工"[①]。在真人秀节目出现之前,电视节目可以分为真实性节目和虚构性节目,这两类节目之间可谓泾渭分明。而真人秀介于虚构与真实之间,具有独特的魅力。从本世纪初在西方兴起算起,发展至今已有近二十年的历史,与一般节目形态往往流行三到五年不同的是,电视真人秀在当下仍然是炙手可热的娱乐形态,并且形成

---

① 尹鸿.解读电视真人秀[J].今传媒,2005,(7):14-18.

了一波又一波的收视高潮。当下的娱乐节目,几乎都离不开"真人秀"的元素,这种节目形态之所以能成为电视娱乐界的常青树,与其独特的传播特征密不可分。

（一）电视真人秀节目的传播学思考

《幸存者》《老大哥》等节目大获成功后,善于模仿的电视界立刻刮起了真人秀旋风。值得注意的是,这场旋风一刮就是近二十年,至今仍然方兴未艾。纵观当下世界电视娱乐节目的发展,真人秀的地位独占鳌头,几乎所有的现象级娱乐节目都是真人秀。有学者认为"真人秀节目营造了一种民主、真实的参与气氛,使观众们乐此不疲"①。有学者认为"电视真人秀节目囊括不同题材,运用尽可能丰富的表现手法,吸引形形色色的参与者和观看者,成为一种显赫的'超节目'"②。这些学者们都从各自的视角阐释了电视真人秀凭借独特魅力长盛不衰的原因。

第一,电视真人秀表达手段丰富,兼具真实与虚构的双重魅力。一般来说,非虚构类的电视节目包括新闻、访谈、纪录片等形态,将现实生活中的真人真事直接播出或经过剪辑后播出;虚构类节目则包括电视剧、电视综艺等文娱节目等,是电视将演员按照事先设定的台本进行表演的情景进行录像播出的形式。这两个类别的节目具有完全不同的特性,前者具有真实性和纪实性,后者则体现了创作性和表演性。

在真人秀节目中,尽管由于镜头的存在,人物的表现不可避免地带有某种表演性,但所有参与者并不是以"角色"的身份参与节目,而是以自己的身份"本色"示人。当然,参与者们的表现与镜头背后的现实生活又不是完全一致的,当他们置身于节目设定的规定的情境中,被安排去完成某种确定的目标,他们的行为受到规则和情境的限制,这种"本色"的表现因此又具有某种表演性。在情节和悬念设置方面,也体现了假定性与真实性的结合。由于规则和情境是事先安排的,因此推进情节发展的基础是假定的,但在情节的推进过程中,又充满着偶发性和不可预知性,其开放的结局也体现了过程的真实性。而在表现手法方面,真人秀的基本形态是纪录片式的,往往采用多机位、全方位的跟拍来记录选手的行为,捕捉细节和情绪的起伏。许多西方的真人秀节目甚至会24小时跟拍选手,乃至其最隐秘的在厕所及浴室的行为都会被加以展示。从这个角度来说,真人秀节目的纪实性是很强的。然而,这种记录与真正的纪录片又是不一样的,真人秀节目强调通过后期的剪辑对前期素材进行戏剧化的处理,真人秀节目的剪辑手法借鉴了很多虚构节目的方式,可以通过对比、夸张、交叉、闪回等蒙太奇手法来突出矛盾,形成高潮,加入动画、特技也十分常见。真人秀的节目节奏明显快于非虚构作品,观赏性更强。尹鸿教授

---

① 刘川郁.从传播学角度解析真人秀节目特性[J].当代传播,2012,(2):52-53.

② 李立.奇观社会的文化密码——电视真人秀的游戏规则研究[M].成都:四川大学出版社,2012:5.

在其论文中对真人秀节目虚实相生的独特审美特点做了清晰明确的阐释,具体要点见下表:

虚构与非虚构的融合①

	真(非虚构)	秀(虚构)
悬念	非确定性	目的性
人物	非角色性	行为设定性
情节	非预见性	情境规定性
手法	记录性	戏剧性

第二,电视真人秀的情境充满变化,最大限度地满足了受众的游戏心理。"游戏"是一个内涵极为广泛的概念,1938 年,荷兰学者约翰·赫伊津哈在其著作《游戏的人》中将游戏定义为"在某一固定时空中进行的自愿活动或事业,依照自觉接受并完全遵从的规则,有其自身的目标,并伴以紧张、愉悦的感受和'有别于平常生活'的意识"②。作为人类文明中的本质属性,游戏与人类社会的发展进程相伴相生。在电视真人秀节目中,选手们进行的正是自愿按照节目设置的规则,"借助各种器物,通过身体运动和心智活动模仿并探索周围世界而获得快乐体验的社会性活动"③。值得注意的是,尽管其他电视娱乐节目也具有游戏性,但就规则设定的灵活、游戏方式的多变而言,没有能超出真人秀这种形态的。在真人秀节目兴起的近二十年中,至少产生了才艺选秀类、野外生存类、职场竞争类、益智游戏类、婚恋情感类、角色交换类等不同类型的节目,每一种类别又因各个节目环节设定的不同而呈现出千姿百态的具体形态。

第三,电视真人秀满足了受众的"窥视"心理,是一场媒介商业化狂欢。"窥视"心理是人的本能,但在社会道德规范的制约下,人们的这种心理本能被压制和管束着,当人们进行"偷窥"行为时,内心是承受不安与负疚的。而电视真人秀堂而皇之的将选手们生活中的各种细节暴露于镜头下供观众观赏,观众满足"偷窥"心理的同时又摆脱了道德的束缚。"在消费社会,电视节目的生产主要是用来满足消费者需求,赢取更多的观众。"④在真人秀提供的秀场上,节目策划者营造各种利于"窥视"的情境,节目参与者知晓并自愿被"窥视",观众最大限度地释放了自己的"窥视"欲望,最终形成了一场商业化的媒介狂欢。当然,过度商业化也给电视真人秀

---

① 尹鸿.解读电视真人秀[J].今传媒,2005,(7):14-18.

② [荷]约翰·赫伊津哈.游戏的人[M].北京:中国美术学院出版社,1996:30.

③ 李立.奇观社会的文化密码——电视真人秀的游戏规则研究[M].成都:四川大学出版社,2012:4.

④ 刘川郁.从传播学角度解析真人秀节目特性[J].当代传播,2012,(2):52-53.

带来不少负面的伦理争议。电影《楚门的世界》表达了对影视文化中"窥视"他人，"消费"他人现象的批评与反思。在现实的电视真人秀节目设置中，也屡屡有各种失范的现象发生，如在西方大热的《乌托邦》《老大哥》等节目中，选手们最隐私的生活细节，甚至身体亲密接触的情节都被记录并播出，从长远来说，这些一味追求盈利而无视人类基本伦理底线的做法无疑具有极其消极的社会影响，值得我们警醒。

（二）中国电视真人秀的发展状况

由于国情和文化的差异，中国电视真人秀节目的发展既在很大程度上受到世界真人秀大潮的影响，又具有自身特殊的发展规律。21世纪初，广东电视台制作了我国的第一档电视真人秀《生存大挑战》。此后，湖南经视制作了《完美假期》，浙江卫视制作了《夺宝奇兵》等节目，但这些节目在当时不但没有获得成功，甚至有些引发了争议，有些被广电总局叫停。在经历了最初的迷茫和调整后，2004年拷贝自《美国偶像》的《超级女声》成为我国电视真人秀历史上第一档大获全胜的节目，并且产生了巨大的示范效应，开启了电视选秀时代。

正如此前同样由湖南经视制作的《完美假期》备受争议有其必然性一样，《超级女声》的成功也并非偶然。此前我国的电视真人秀以国外的野外生存类节目为模仿对象，在具体的实现过程中，还是存在着技术呈现不到位、受众接受不畅等问题。而《超级女声》的原版是美国选秀节目《美国偶像》，将其中"海选"不设门槛，评委点评犀利热辣的特点吸收进来。从2004年5月开始直到9月总决赛，这档历时4个多月的节目经过"海选"、进阶阶段的铺垫与积累，最终在总决赛时达到了收视高潮。

在"海选"阶段，栏目除在武汉赛区设定了选手年龄的下限是16周岁以外，在长沙、南京、成都赛区都没有任何限制，只要是热爱唱歌，乐于参与的女性，都可以凭户口簿前来报名，节目组不要求选手提供自己的背景信息，也不收取任何费用。这样的赛制安排吸引了近五万女性选手报名，她们在没有话筒，没有伴奏以及没有其他任何辅助设备的情况下在一块略显简陋的宣传牌前向三位评委演唱一段落歌曲。大部分选手的演唱是无法完整完成的，因为"毒舌"的评委往往在听了没几句之后便会按铃示意停止，并进行批评甚至是讽刺。与传统的歌唱比赛不同，在《超级女声》的海选舞台上，观众并非怀着一种"审美"的心态欣赏选手的表现，选手们素颜清唱，这里没有太多美女，甚至没有太多动人的声音，有的只是原生态的朴素和自然，无论什么唱法，无论什么风格，无论什么水平，每一个参赛选手都怀着热情在这个甚至称不上是正经舞台的一方小小的空间里坦然的展示自我。南京电视台十八频道，原本是南京本土一个弱势频道，正因为其是《超级女声》南京赛区海选的播出平台，才迅速成为众人关注的热门频道。栏目在"海选"阶段呈现出的异质性是吸引观众的重要原因,也暗合了21世纪初国人彰显自我、解构权威的时代心理。

经过"海选"后,在节目的进阶阶段,由观众短信投票决定选手从50进20,再进10,直至最后每个赛区选出3强,再参加在长沙举行的年度总决赛。在总决赛阶段,观众的短信投票仍然是决定选手排名的重要因素,这些选手原是默默无闻的普通人,成为从海选的简陋场景进入流光溢彩演播厅的电视明星,推进和决定她们命运的重要环节是每一位观众的意见,可以说观众在享受比赛的同时更享受的是"民意决定明星"的存在感和话语权。

《超级女声》的巨大成功引来了无数跟随者,一时之间"草根选秀"类节目遍布大江南北。东方卫视的《加油!好男儿!》《我型我秀》,江苏卫视的《绝对唱响》等都是当时具有较大社会影响力的节目。2007年,广东电视台正式开办了我国的第一个真人秀频道,观众可以通过这个频道全天候地观赏到这一风靡世界的节目样态。此后,我国电视真人秀的题材进一步拓宽,西方电视真人秀的热门题材基本都有了国内版,除了才艺选秀之外,还涉及了职场、野外生存、亲子、婚恋等题材。参加节目的选手也包含了"草根""明星""草根+明星"等多种身份。真人秀节目从数量和影响力上来说都成为我国电视娱乐节目的主要形态,甚至有泛滥成灾的倾向。目前,我国电视真人秀节目中出现的一些问题主要体现在下列方面:

第一,大量同质化的节目引发了无序竞争,造成极大的资源浪费。"超女"火爆后,在几年内就有20余档类似的节目出现。使得像《超级女声》这样制作已经非常成熟的节目无法按照一般规律走完由盛而衰的正常周期,而是在很短时间内就被迅速淹没。这种对文化产业资源的消耗也同时消耗了观众的审美新鲜感,在海量选秀节目充斥电视荧屏时,观众的收视兴趣已经很难被调动。

第二,无序竞争进一步引发了节目为博取高收视而不惜降低文化品格、庸俗炒作、一味依赖明星等问题。竞争的加剧使得真人秀节目在内容上无法体现创意与策划的独特优势,许多节目只得打明星牌,比拼的不再是节目环节设计的精妙和内涵的独特性,而是谁请到的明星更大牌,更具话题性,有些甚至为了配合节目的宣传,可以炒作明星私生活制造话题。为了请到大牌明星,真人秀节目纷纷开出高价,节目制作费用中大部分用来支付明星报酬。如此一来,一方面明星参加节目的报酬比其正常拍摄影视作品的片酬高出许多。出于利益考虑,许多明星热衷于参加各档真人秀节目,明星资源已被消耗枯竭;另一方面,节目成本是固定的,明星拿去大头后,节目其他环节的费用自然降低了,节目质量也随之降低,许多生活化的真实细节被无聊搞笑的喧哗狂欢所取代,真情实感被造作煽情而取代,这样的乱象引发了社会各界的负面批评,也遭到了广电总局"限真令"的整治。

第三,过度依赖模式引进的真人秀节目导致了我国电视节目原创力的不足。尽管在电视行业,模式拷贝是一个常见的做法,我国的其他节目形态也曾经借鉴过西方电视的样式,但像真人秀那样大规模拷贝的情况还是不多见的,尤其是那些创下高收视率的现象级节目,无一不在模式引进之列。实际上,东西方文化存在着很大的差异,西方真人秀节目中的文化内涵并不都适宜国内的传播情况。如在西方备受欢迎并且风行多年的《幸存者》,其节目内涵中核心的部分就在于揭露人性的弱点,展示人们在利益面前,如何各怀鬼胎,处心积虑为达目的不择手段的黑暗面。而这些内容都与我国的传统伦理观以及主流意识形态相违背。"中国的电视节目在娱乐趣味、道德标准、人性深度的表达和调用方面都会受到中国特定的意识形态、文化传统、社会价值观念甚至生活方式的制约和规定。"①因此,单纯依靠模式引进只能在短期内使我国的电视节目迅速繁荣,从长远角度却是不具备可持续发展的潜力的。从根本上说,我国对西方电视真人秀的模仿不应该停留在单纯的模式购买阶段,而应从制作理念和传播观念的角度吸收其创意能力的精华,借鉴其成熟的产业运作模式,用来表达适宜中国文化环境的内涵。

第三节 其他节目的形态演变

除了新闻信息类节目与文艺娱乐类节目外,在中国电视节目发展史上还流行过其他一些重要的节目形态,这些节目形态体现了特定时期中国电视观念的发展思潮,亦对中国电视节目的发展产生了深远影响。本节选取了电视谈话节目和电视方言节目这两种节目形态的特征做具体分析。

一、电视谈话节目的演变与发展

电视谈话节目最早起源于西方,称为"Talk Show",引进中国后被翻译为"脱口秀"。在中国,这种节目形态最早为观众所熟悉缘于中央电视台1996年开播的《实话实说》栏目。这档在中国电视节目史上十分重要的栏目,不仅使主持人崔永元成为家喻户晓的电视明星,更引领了一批节目的模仿,使得谈话观念成为中国电视节目形态中重要的一种,开启了中国电视的谈话时代。

(一)中国电视谈话节目的类别与特征

有学者认为"'脱口秀'的意思是指'脱口而出的谈话表演'。这种脱口而出、现场即兴发挥的特点正是电视谈话节目的主要特征,也是它的魅力所在"②。还有学者认为,"电视谈话节目是将人际间就公众关注的新闻人物、新闻事件、热点话题等的口头传播引入荧屏,并将这种传播方式本身直接作为节目的内容元素和形式元

---

① 谢耘耕,陈虹.中国真人秀节目发展报告[J].新闻界,2006,(2):8-12.

② 陈永庆.电视谈话节目研究[M].北京:知识产权出版社,2004:3.

素的社教类电视节目形态"①。第一种解释,强调了电视谈话节目的特征是"现场即兴";第二种解释则更为详尽地阐释了电视谈话节目的制作机制,认为其将人际传播的口头传播形式引进电视节目。当然,今天的电视谈话节目内容已经超越了新闻话题,扩展到娱乐、经济等其他领域,但第二种解释对电视谈话节目发生机制的理解还是较为准确的。

从最初以社会热点、新闻话题为主要题材的电视谈话节目《实话实说》的走红到今天,我国电视谈话节目已经走过二十余年的发展历程,其间谈话节目的类别在不断拓展,节目形态也日渐丰富。电视谈话节目分类的标准有很多,可以根据受众类型不同分为女性谈话节目、老年谈话节目等;可以根据嘉宾身份性质分为明星谈话节目和素人谈话节目等。在这些不同的标准中,最重要的分类方式应当是按谈话内容的不同将其分成新闻信息类谈话节目、娱乐类谈话节目、情感故事类谈话节目等。

新闻信息类谈话节目以新闻事实为谈话题材,一般而言会邀请新闻当事人或有关专家学者作为谈话嘉宾,为观众提供关于新闻事实的思考与评论,这类节目的典型形态如中央电视台的《新闻1+1》、江苏卫视的《时代问答》等,谈话嘉宾往往会对近期发生的社会热点新闻或党和国家的重要政策进行解读,为观众提供具有深度的观点与见解。娱乐类谈话节目则以娱乐圈的热点话题为主,或者邀请娱乐明星作为嘉宾,讨论一些轻松愉快的生活话题,这类节目的典型形态如《超级访问》《康熙来了》等。而情感故事类谈话节目则以"故事"为主,谈话嘉宾既可以是普通人,又可以是名人,通过嘉宾的讲述使观众了解他们的人生经历和逸闻趣事,这类节目的典型形态如《鲁豫有约》《艺术人生》等。

无论是哪种题材的谈话节目,其节目形态都呈现出一些共同特征。第一,电视谈话节目的节目主体由"话题"构成,主要的呈现形式是嘉宾的言论。节目策划者事先拟定一个或多个话题,嘉宾与主持人围绕这些话题进行讨论或讲述,一般而言,谈话节目的主要发言者是嘉宾,主持人起到串联、提问或总结的作用。第二,电视谈话节目的形式还原了人际传播中的对话和讨论,是具有现场感和亲和力的一种节目方式。当然,电视谈话节目不是生活中真实谈话的忠实记录,应该说他只是营造出了一种谈话的氛围,嘉宾与主持人的谈话是具有一定的表演性质的,通过后期剪辑,谈话内容是精彩片段的呈现。第三,谈话节目的言论具有即兴感、灵动性,一般而言,电视谈话节目只有大体的话题设置,没有事先安排的脚本,因此嘉宾的言论具有偶发性和现场感,言论的精彩与生动正是电视谈话节目的魅力所在。

---

① 孙宝国.试析电视谈话节目的分类方法与主要特征[J].中国广播电视学刊,2011,(9):57-58.

（二）中国电视谈话节目的困境与创新

自产生后的二十余年以来,中国电视谈话节目的发展经历了多个阶段的起伏。以《实话实说》的开播为标志,从 1996 年到 2002 年是中国电视谈话节目的诞生与发展阶段。在这一阶段,电视谈话节目作为一种崭新的形态出现在观众的视野中,迅速地引起了观众的关注和追捧。电视观众第一次在电视荧幕上感受到了真实自然的交流,无论是明星还是普通人都能充分地讲述各自的故事,表达自己的观点。由于电视谈话节目对制作的要求并不高,节目成本也较易控制,因此《实话实说》的走红招来了很多模仿者,根据统计,"至 2001 年 5 月我国电视谈话类节目已有 179 个"①。而在 2002 年之后,中国电视谈话节目的发展速度明显减缓,新鲜的节目形态在这一时期已经司空见惯,由于没有更多的创新元素的加入,许多曾经创造了高收视率的节目如《实话实说》《艺术人生》等陷入了自我重复,收视率与口碑都有一定程度的下滑。最为典型的便是《实话实说》在经历了主持人几次更迭之后,于 2009 年停播,而《艺术人生》原本以真情打动观众的长处,也遭受了过度煽情的负面评价。尽管当下的电视荧屏仍有相当数量的电视谈话节目存在,但电视谈话时代已被真人秀时代所取代,电视谈话节目的高峰已经成为过去。

总结电视谈话节目的兴衰,其走下坡路的原因主要有如下几点:

首先,谈话内容日趋同质化。如果说更换主持人是《实话实说》走向下坡的表层原因的话,那么话题的贫乏与平淡则是栏目衰亡的最本质原因。与《实话实说》类似,其他谈话类节目收视低迷的原因本质上也是由话题的局限和谈话内容的雷同导致的。尤其在一些情感故事类谈话节目中,嘉宾讲述的故事都大同小异,甚至很多时候就是同一组嘉宾往来于不同电视台的不同谈话节目中。

其次,节目形式的一成不变也是导致观众审美疲劳的重要原因。谈话节目的基本模式是人与人的对话,由于节目模式较简单,一般来说谈话节目的演播室现场布置都十分类似。雷同的话题加上类似的形式,收视效果不言而喻。

最后,缺乏具有个性的节目主持人也是谈话节目衰退的原因。谈话节目的灵魂在于人,而在节目所有的参与者中,主持人的作用无疑是最关键的。"谈话"的独特性质决定了电视谈话节目对主持人有着非常高的要求。如果说其他类别节目的主持人可以通过台下的准备来应对节目录制时的各种状况的话,那么谈话节目的主持人则更倚重于深厚的内涵积累和机智的临场应变。在谈话过程中,节目主持人是话题的引导者,节奏的把控者,他既负有激发嘉宾表达欲的职责,又要在恰当的时候给予恰当的回应或打断,为谈话内容的详略把关。

---

① 徐雷.我国电视谈话节目的历史格局和流变脉络[J].湖南大众传媒职业技术学院学报,2004,(3):97-100.

面对这些困境,一些新近的电视谈话节目已经意识到了必须有所突破,在节目的内容及形式方面作出了相关调整与探索,为我们思考电视谈话节目的突围提供了讨论范本。

首先,在谈话议题的设置方面,一些谈话节目注意到了话题的时代性和贴近性。如节目内容有相当多涉及了现实民生,对一些不良社会风气做出了批判和讽刺,这些切中百姓心理情绪的话题自然能吸引观众的关注,引发观众的共鸣。

其次,一些谈话节目注意到了形式的更新,在谈话形式之外融合了"真人秀"等其他受观众欢迎的元素。"谈话节目强调真实,真人秀节目突出纪实性,真实是二者在内容要求上的相同之处。在表现形式上,谈话节目突出'谈',真人秀侧重'秀',形式服从于内容,'秀'完全可以融于'谈'中。"[1]由于谈话元素和真人秀元素内在的契合,因此在电视谈话节目中加入一些真人秀片段,既丰富了节目的形式,使节目更生动、更具观赏性,也拓展了谈话节目的展示空间。如辽宁卫视的《有请主角儿》便很好地将真人秀与谈话做了结合。

(三)关于电视谈话节目的文化思考

电视谈话节目的出现不仅丰富了中国电视节目的形态,更是一种具有社会意义和时代意义的文化现象,从文化学视角考察我国电视谈话节目的兴衰同样富有意味。

在上世纪 90 年代之前,中国电视节目的传播模式基本属于"我播你看"。观众被认为是被动接受的一方,传播者具有一种天然的教化者和精英的立场,电视传播活动多多少少都具有自上而下的教化意义。电视的主角是领导人和专家、明星,普通人只作为配角或背景出现。在这样的背景下,《实话实说》的出现使观众耳目一新,这种新鲜的感受不仅来自于节目形态的新鲜,更在于节目中蕴含的人文精神是观众十分渴望但却长久以来缺失于电视传播环节的一种关怀。"《实话实说》不仅提供了一个让人们说话的场所,更重要的在于它体现了另一种新的思维方式,体现了一种人文美,即每个人都有平等说话、表达意见的权利。"[2]在《实话实说》的舞台上,首先我们看到了一位"其貌不扬"的主持人,他以平民的姿态和身份与各位嘉宾做平等的交流,时而自嘲,时而打趣一下嘉宾,就仿佛是邻家大哥与街坊聊天的场景。《实话实说》的嘉宾选择,主要也由平民构成,与之前电视言论类节目给人的"官方论坛""专家论坛"的感觉截然不同,《实话实说》营造了一种真正意义上的双向交流、自由平等的氛围,为公众的意见表达提供了公共空间。

谈话节目的话题演变折射了社会文化的变迁。在《实话实说》的话题选择中,

---

① 刘全亮.电视谈话节目的困境及创新策略分析[J].中国电视,2016,(9):106-109.

② 潘可武,王凤军.人文视角中的电视谈话节目[J].现代传播,2012,(9):;157-158.

涉及了很多关乎民众生活的内容,如网恋话题,《婚姻法》的修订对民众生活的影响等,包含了特定时代伦理道德以及主流价值观的展示。可以说,这档节目肩负了引领正确舆论导向,引导主流价值观的职责。在《实话实说》之后,由于大众文化的兴起,更多具有娱乐价值的话题成为电视谈话节目的主要内容。如 2001 年播出的娱乐访谈节目《超级访问》,嘉宾一般来自于文艺界,话题也十分轻松幽默,观众在观看这个节目时几乎可以从头笑到尾。

此外,谈话观念不仅存在于电视谈话节目中,还成为此后各种电视节目形态兼容的一种形式。以大型婚恋节目《非诚勿扰》为例,尽管这是一档电视婚恋真人秀,但显而易见节目中主持人孟非,点评嘉宾乃至男女参与者的精彩言论和即兴反应是吸引观众的重要元素。甚至在很多时候,节目吸引观众的卖点便是参与者引人注目的言论所制造的话题,如有一位女选手说:"宁愿坐在宝马里哭,也不愿坐在自行车后座笑"。这样极具争议的言论引发了全社会对婚姻实质、金钱观、爱情观等问题的热烈讨论。这样"三观不正"的言论在过去是不可能在电视媒体上出现的,而在当下的社会环境中,这位选手在《非诚勿扰》的舞台上十分坦然地说出自己的感情观与婚姻观,体现了文化的多元与包容。

二、电视方言节目的演变与发展——以无锡电视台《扯扯老空》为例

上世纪 80 年代中后期,一些电视娱乐节目中或多或少的有了方言的参与,这是方言元素在中国电视中最早的使用。90 年代初期,四川出现了一些方言电视剧,有影响力的如《死水微澜》《凌汤圆》等。巴蜀文化具有较强的亲民性和丰富的表现形式,所以无独有偶,我国的第一个电视方言栏目《雾都夜话》也于 1994 年出现在重庆电视台。这档"真实戏剧"式的栏目采用重庆方言,由非职业演员表演发生在重庆的真人真事,是"地地道道的重庆人自己演自己的故事",同时也开创了一个新名词——"电视栏目剧",并在全国电视台引来众多模仿者。2004 年元旦,杭州电视台针对本地观众的西湖明珠频道推出了一档用杭州方言播出的新闻栏目《阿六头说新闻》。主持人"阿六头"长相普通,能说会道,是一个有个性也有缺点的平民形象,当他站在演播室用拉家常的方式播送本地新闻的时候,立刻使节目"名利双收",不仅登上了杭州地区新闻收视排行的冠军宝座,还获得了当年"全国百佳栏目"的荣誉,值得注意的是,同时入选的方言节目还有重庆电视台的《生活麻辣烫》和《雾都夜话》,湖南经视的《越策越开心》。此后不久,几乎全国大部分城市电视台都先后出现了自己的方言栏目,如苏州台的《施斌聊斋》,无锡台的《大话阿福》《洋葱头讲劲头》等,方言栏目一度成为城市电视台收视率的增长点。

(一)《扯扯老空》的传播优势

非常明显,电视方言栏目有其独特的传播优势。当人们熟悉了字正腔圆的普

通话节目后,方言节目的确给人耳目一新的感觉。尤其是它在形式包装、节目内容、特色定位上都能体现当地独特的地域文化,契合了本土受众的心理需求。新鲜性、文化认同、分众策略这些传播优势使制作成本较低的电视方言栏目拥有较高的收视率,一度成为城市电视台自办栏目的必选,并被认为是宣扬地域文化,提升城市形象的窗口。

但是,任何一种节目形态都有自身的生命周期。在经历了一个阶段的收视高峰之后,遍地开花的电视方言节目大体局限在方言栏目剧、方言播报本埠新闻等几种形式。随着新鲜过后收视率的滑坡,同质化的恶性竞争也引发了某些节目的低俗化倾向,甚至一度招来过广电总局对电视节目使用普通话以外语言的限制。所以尽管目前全国绝大部分城市电视台仍然保留一档以上的方言节目,但是毋庸讳言,方言节目的收视热潮已经开始退潮,不再"办一个,火一个"。在这样的背景下,无锡电视台5频道的《扯扯老空》能够在开播不久便获得较高的辨识度和收视率,着实显得意义非凡。使用"方言"作为节目播出的语言形态,对于《扯扯老空》而言,显然不属于跟风,而是符合传播规律的理性的选择。我认为它开启了电视栏目的"后方言"时代。它的成功不仅对于我们思考电视方言节目如何走出发展瓶颈这一命题有所借鉴,更为电视节目形态的创新提供了极强的启发意义。众所周知,在电视媒体竞争日趋白热化的今天,"本土化""亲民性"已经成为地方电视台自办栏目的共同诉求。这些"特征"在方言节目中不构成真正意义上的"特征",民生新闻、家长里短、方言播报,使得每一档具备这些"特征"的方言节目依然"同质化"倾向严重。仅从主持人年龄我们就能判断出大多数方言节目的受众年龄偏大,节目或多或少显得缺乏创意、缺乏时代感。在这样的背景下,《扯扯老空》将目标受众确认为中青年观众,这一定位非常智慧而且具有前瞻性。在这样一个全媒体时代,互联网的崛起改变了媒介竞争的格局,可以预判电视媒体要想在新的媒介生态系统中保持优势,如何吸引年轻受众是必须解决的问题。对于满足老年观众,绝大部分电视台都相当有经验,但是如何吸引青年观众是一个更有难度的问题。令人惊喜的是,《扯扯老空》不仅定位清晰,实现目标定位的具体策略也非常准确,它的创作经验值得重视和研究,具体而言可以总结为以下几点。

首先,传播内容的"差异化"——对"平民性"与"本土化"的新注解。作为一档资讯节目,"内容为王"是一条基本准则。《扯扯老空》对于节目内容的精心安排,源自栏目明确精准的定位——为中青年观众做节目。收看任意一期《扯扯老空》,观众都能十分容易地将其与以往看过的方言节目加以区分。节目中的常规资讯都是能够引发年轻人关注的网络热点新闻,一般兼顾新鲜、重要、时尚、娱乐、实用等新闻原则。合理利用网络新闻资源至少有这样两个好处:不仅保证了新闻内容较强的新鲜性与时效性,而且更重要的是这些在网络上已经形成热点的新闻被证明能够引发受众关注,相当于经过了收视率的预检。以 2012 年 5 月 29 日的 10 条资讯为例,其关注了"网游""韩剧""手机依赖症"等时下年轻人的生活方式;"每日邮报称办公室吃饭不如卫生间卫生""网友微博说吃鸡蛋会早死十年,专家反驳称无科学依据"这两条资讯也非常容易吸引年轻人的眼球,既娱乐又实用。另外,值得重视的是《扯扯老空》对"娱乐性"的理解不流于庸俗,节目中频繁出现"绿领巾"、"网友让儿子退学,实施家庭式教育"等反思现行教育制度的严肃新闻,以独特的视角、犀利的点评实现了"民生新闻不等于鸡零狗碎,严肃话题不等于枯燥乏味。"另外,《扯扯老空》对于"本土化"的理解也不拘一格。用本地方言播报本地新闻,这是大部分方言节目对"本土化"的处理。这种方式表面看来从内容到形式全面"本土化",事实上却并没有太好的收视效果。原因主要有这样两点:第一,一个城市的新闻资源相当有限,所以我们经常见到众多地方频道重复报道某些新闻价值不高的新闻。第二,目前地方台民生新闻普遍存在格调不高,鸡零狗碎的不良现象。这些雷同的新闻,即便被搬到了不同城市,用不同的方言播送出来,实质却没有任何地域的特征,仍然是"同质化"的。《扯扯老空》选择的资讯中看起来没有任何无锡本地的新闻,但却非常善于将这些新闻价值高的外地新闻与无锡建立联系,把握住了"本土化"的真正内涵。例如将一条关于中国人不良饮食习惯的资讯,引到无锡人"嗜甜"的特点上,再针对性地给出无锡人饮食的注意点。又如在流行歌曲《最炫民族风》大热之时,栏目推出了一个系列的"最炫无锡风",让普通无锡人用最吸引眼球的方式唱出无锡城市的特点,在轻松娱乐的同时也增加了无锡人对自我的认同感和对家乡的自豪感。最近央视的美食纪录片《舌尖上的中国》在网上引起热议,也因此引起了各地网友对于家乡美食的关注,《扯扯老空》又借势推出"嗒嗒无锡好味道"环节,成为最近节目的新亮点。这些做法都是对"本土化"的新理解,也真正意义上从文化认同的角度打动了无锡本地观众。

其次,节目形式的"杂糅化"与"情境化"。《扯扯老空》的成功不是节目内容的单一成功,而是找到了最贴切的方式表达了最独特的内容。节目至少杂糅了脱口秀、情景剧、资讯新闻等多种形式,并能将这些形式和谐的融合于节目营造的独特"情境"中。主持人被定位为一对 80 后的年轻夫妻,演播室布置成他们家的客厅,节目就在这一对小夫妻的"闲扯"中进行。从广播历史上的经典案例"炉边谈话"开始,我们就从理论和实践两方面印证了,媒介只有最大程度的还原和模仿人际传播才能吸引受众。在这一点上,电视声画并茂的特征是其天然的优势。从观看环境的角度来看,电视与手机等新媒介终端的接受方式也完全不同,电视可以供家庭成员共同观看,而新媒介的接受则更私人化。我在百度搜索节目资料的时候,看到有网友提问:"《扯扯老空》中的商奇与小富是真的夫妻吗?"这个问题恰好充分的说明节目通过个性鲜明的"夫妻"主持人,实在幽默的言论观点,生动逼真的生活场景,成功的营造出了具有浓厚的生活气息和鲜活的人情味的独特"情境"。这种"情境"契合了观众在晚饭后享受家人齐聚、放松交流的需要。所以尽管资讯素材很多来自于网络,但是《扯扯老空》敏感地把握住了电视可以是家庭成员共享媒介的这一特性,通过"情境"的力量,将节目变成了晚饭后全家人共同的客厅活动,形成了与网络完全不同的传播效果。这也解释了尽管节目的目标受众是中青年人,却事实上拥有众多老年粉丝的原因。这一思路为我们探讨电视与新媒介竞争背景下未来的发展方向提供了启发。这一情境得以成功营造的关键在于两位主持人对自身定位的理解非常准确。在节目中,他们不仅承担资讯的播报,更要自然的"演绎"出两个个性鲜明的角色。这种融合了更多表演性的主持方式对主持人综合素质的要求非常高,既要演,又要区别于一般的影视剧表演。小富的俏皮活泼和商奇的憨厚幽默相得益彰,恰到好处地演绎出了一对平凡80后夫妻日常"闲扯"的感觉,将自身的气质与节目的情境完美融合,形成了统一的风格,可以说两位优秀的主持人成就了《扯扯老空》,《扯扯老空》也成就了两位主持人的成功。另外,节目的细节处理也非常到位,小富在节目中时常有剥毛豆、打毛衣等"行为",资讯常常配以一些幽默的图片,"蓝精灵体""旗袍姐"等元素也常常出现在节目中,这些看似细小的环节非常有效的增加了节目的表现力,强化了节目的情境。

最后,以"创新思维"保障节目的可持续发展。一档名牌栏目的成就必须在整体风格稳定的前提下,时时体现新意和亮点,只有这样才能保持观众对栏目长期的收视兴趣。《扯扯老空》的主创人员显然深谙此道。所以尽管节目开播才一年多,求新求变的意识却非常明确地体现在栏目的策划思路中。凭借灵活的板块编排方式,各个子栏目"进出自由"。不仅根据"春节""国庆黄金周"等特殊档期安排有针对性的特别策划,在常规时期也能不断推出"新点子",不让观众有任何"审美疲劳"的可能性。"商富百绎""无锡一只鼎"等板块都能在某一时期成为节目的亮点。在前不久的栏目中还出现了与国美电器互动的"微电影",不仅令观众耳目一新,还对广告经营模式的创新进行了探索。前文提到的"最炫无锡风"和"嗒嗒无锡好味道"等也都是非常有创意的点子。

(二)《扯扯老空》的提升策略

2009年10月在北京召开的世界传媒大会中提到,世界媒体正经历着重大变革。以"三网融合"为发展重点的国家信息化工程建设,正在从媒体适应未来传播形态着眼,构建起广播电视等传统媒体与新技术媒体高度融合的全媒体发展模式。这种模式就是紧紧抓住互联网、手机等新兴传播媒体以及IPAD等现代手持终端技术的快速发展,将不同媒介之间所具备的文字、图形、照片、动画、声音、视频等按照不同终端的用户需求,进行融合后细分传播,形成新的媒体传播体验。对于处在媒体变革重要历史时期的地方电视台,也处在广播电视大发展大繁荣的重要机遇期。2011 年 12 月国务院办公厅公布"三网融合"第二批城市中无锡也榜上有名。在这样的宏观背景下,节目未来在以下方面还有提升空间:

第一,强化节目与频道其他栏目的关联度,以节目带动频道整体发展。2011年,原无锡经济频道改革为无锡 5 频道。作为无锡第一个全频道制播分离的平台,新的机制给 5 频道注入了创新的活力,目标是将其打造成以台网互动为基础的无锡地区第一个全媒体平台。目前频道的定位是以贴近生活、解决实际问题为宗旨,以生活资讯、情感故事等为主要内容,以方言讲述、互动服务、现场直播等为节目形态。频道的自办栏目除了《扯扯老空》以外,还有民生新闻、法制及财经类节目。作为其中影响力较大的龙头栏目,《扯扯老空》可以利用自身的传播优势为频道凝炼更为精准的定位。正如《非诚勿扰》大热之后,江苏卫视借用其节目形式开办了求职真人秀《职来职往》,利用孟非、乐嘉的高人气开办了《非常了得》《老公看你的》等新栏目。可以说正是《非诚勿扰》的成功带动了江苏卫视的整体崛起,一举超过湖南卫视,成为目前省级卫视的收视冠军。《扯扯老空》未来如能更有针对性地与频道整体发展进行关联,也可以成为频道崛起的突破口。同时,播出平台的强势,也能反过来进一步促进节目的发展。

第二,进一步丰富营销手段,加强节目品牌建设。《扯扯老空》在自我宣传方面已有一些作为,比如策划主持人见面会等观众活动,开设微博与观众互动等。未来还可以拓宽思路,运用更为多样的营销手段,树立节目品牌。有统计显示,新兴媒体的 70%～80% 甚至以上的内容来自传统媒体,其是借用了传统媒体的成熟的市场运作。那么,传统媒体也应该更大程度地借用新兴媒体的平台放大自己的声音。尤其是在社交媒体蓬勃发展的当下,电影业已经开始了利用社交媒体进行营销宣传的积极尝试。例如小成本电影《失恋 33 天》在光棍节上映取得不俗票房,就与其合理利用社交媒体成功营销有密切关系。该电影的营销团队横向采用官方微博、草根微博和明星微博,广泛撒网;纵向借助各类微博应用,比如微博投票、微博活动、微博小插件等,组成一个微博矩阵,然后分别以图片、文字、音乐、视频等形式进行传播。一时之间,社交网络上随处可见关于"失恋"的话题和关键字。"失恋"这种微酸的情绪已然渗透人心,无数的普通人为之所感染,也不由自主加入了电影内容宣传转发的环节。我认为《扯扯老空》对于微博等新媒介营销能力的挖掘还有较大的提升空间。

第三章 中国电视节目形态的生产路径

电视节目的生产问题是电视传播中至关重要的环节。电影,作为先于电视出现的视听艺术,在相当一段时间内曾是电视节目叙述语法模仿的对象。广播,作为先于电视出现的电子传播媒介,为电视节目生产提供了传播学角度的借鉴。从这两种更为传统的媒介中得到滋养,年轻的电视最终成长为具有独立品格的强势媒体,基于其独有的媒介特性,电视节目的生产遵循着与其他文化商品生产相异的规律。世界各国的电视生产实践中,节目更迭迅速是其共性,电视领域的推陈出新比之电影与广播更为频繁。在眼花缭乱、过眼云烟的电视节目海洋中,对节目形态的研究和关注便显得极有价值,节目形态的视角是关注和把握特定类型节目生产规律的有效途径,节目形态的更新也是电视节目本质创新的重要动力。

在电视节目形态研究中,"模式"这一概念是极为关键的。可以说,电视节目形态的演进正是围绕"模式"与"突破模式"这一对辩证统一问题开展的,正是在"模式"不断地形成与被突破的过程中,电视节目形态得到不断地丰富和更新。本章内容的讨论将以我国电视节目形态生产的几大要素为基点,进而探及我国电视节目形态生产中的两个基本问题——"模式引进"和"原创"。

第一节 中国电视节目形态的生产要素

与西方电视媒体完全生长根植于市场的情况不同,中国的电视事业从开端、发展到成熟,兼具多重属性的特殊性使其在节目生产方面置身于更为复杂的情境。

一、宣传要素

无论在何种社会制度下,电视与政治的关系都是电视外部环境中最本质的关系。"每个历史集团都在摸索着使自己处于最佳状态的信息栅栏,以保证最佳状态的组织性和永久性,并为它的身份提供担保。"[①]由于传播媒介的"信息栅栏"功能,一个国家传媒影响力的强弱是直接关乎国家和政党政治安全、信息安全、文化安全的关键命题。也正由于此,每个国家和政党都会积极推荐传媒建设,提升传媒的传播效果。

---

① 陈卫星.传播的观念(修订版)[M].北京:人民出版社,2008:338.

在我国,电视与政治的关系异常密切。在相当长时间内,宣传功能甚至成为我国电视的全部功能,它指挥着电视系统运转的全部方面,也成为电视节目生产的唯一标准。即使在改革开放以后,我国电视的功能呈现出多元化的状态,但政治功能仍在所有功能中占据最重要的位置,政治标准也是我国电视节目生产的底线和规则。坚持正确的舆论导向是电视节目生产最基本的要求。因此,宣传要素是我们探讨电视节目形态生产问题的出发点。

回首我国电视发展历程,不仅产业格局和运营系统的变革与国家政治状态的发展有关,在内容生产方面,节目形态的演进过程也与国家政策导向密切相关。如《焦点访谈》开播掀起了电视舆论监督的热潮,栏目的成功应与1992年党十四大报告中提出的"重视传播媒介的舆论监督"密不可分。从1992年十四大召开到1994年《焦点访谈》开播,在这相隔一年多的时间中,"发挥媒体的舆论监督作用"等相关表述出现在一系列国家重要会议如十四届二中全会、八届全国人大二次会议的报告中。所以说,"一个媒体、一个栏目,绝对不是孤立存在的。《焦点访谈》的诞生,不是谁一时心血来潮的产物,它是中国改革开放发展到一定阶段水到渠成的必然结果"①。此后,以《焦点访谈》为典范,各级电视台纷纷开始开设舆论监督新闻栏目,都得到了政府部门的支持与认可,受到百姓的关注和信任,我国电视舆论监督媒介权威得以建立。

电视节目生产中的宣传要素包含了宣传制度、宣传导向和宣传艺术等内涵。"宣传导向的指引力、宣传政策的推动力、宣传艺术的调适力对电视节目创新构成了不同程度的影响。"②在电视节目形态的生产过程中,必须严格依据宣传政策来确定节目形态的基本问题。2008年我国颁布实施《中华人民共和国政府信息公开条例》,条例中明确规定"信息公开"应当成为各级政府部门的法定义务,电视媒体被确立为信息公开的必要渠道,对重大公共事件必须采用"及时、公开、透明、准确"的报道原则。可以说,正是这样的政策决定了在汶川地震等重大灾害发生时,中央电视台在半小时内就开辟了直播节目,并且对灾害情况进行连续现场报道的迅速反应。而随着近年来电视荧幕出现的"泛娱乐化"气息日渐严重,广电总局出台的一系列针对电视综艺节目的政策,如"限唱令""限娱令""限真令"等,直接有效地规范了电视娱乐节目的播出数量、版权来源、节目风格等内容。上述实例表明,宣传政策健全有效的规范推进了我国电视节目形态的创新与发展。

除了明文规定的政策之外,宣传导向也是节目生产中必须重视的宏观方向。坚守党性原则,以正面宣传为主历来是我国宣传导向的基本思路。在民间,大家惯

---

① 梁建增.《焦点访谈》红皮书[M].北京:文化艺术出版社,2002:1.

② 杨乘虎.中国电视节目创新研究[M].北京:中国传媒大学出版社,2014:15.

用"主旋律"一词来概括我国宣传导向的基本特点。的确,"主旋律作为一种形象的表述,体现了主流意识形态对于精神产品的生产与传播的总体要求"①。一般说来,宣传政策规定了某类电视节目的数量、具体内容和形式等微观问题,具有较强的客观性。相较于白纸黑字的宣传政策而言,宣传导向对电视节目的影响范围则更为宽广,影响方式也更为灵活。在正确宣传导向的引导下,各类型电视节目以不同的表现方式共同营造良好和谐的传播生态,在遵循了国家整体宣传制度的前提下,充分体现百花齐放的文化繁荣。2011 年,由国家宣传管理部门倡导的"走转改"作风,是针对新闻宣传机构出现的脱离群众、脱离实际等不良倾向提出整改和纠偏,在这样的宣传导向下,一大批反映现实、揭露问题的新闻作品和文艺作品应运而生。

"宣传艺术是进行宣传活动的技巧,是产生特殊宣传效果的艺术手段。宣传艺术是指表达宣传内容的高超技能。"②如果说,宣传制度和宣传导向从客观与宏观的角度对电视节目形态的生产进行管理和指导,那么宣传艺术则是提升电视节目传播效果的柔性力量。随着时代的前进,我国电视节目的宣传艺术也在不断进步,从之前的刻板教条进化得更有人情味和亲和力。事实上,宣传艺术的日趋精湛不仅体现在电视节目的生产方面,在其他文化领域也有明显的反映。2016 年一部反映主旋律的电影《湄公河行动》邀请彭于晏、张涵予等人气明星出演,以紧凑的剧情、扣人心弦的节奏,讲述了湄公河上我国缉毒战士与毒枭进行生死搏斗的真实故事。由于影片借鉴了商业的叙事策略,可看性强,在潜移默化中向观众传递了缉毒英雄可歌可泣的牺牲精神,弘扬了民族凝聚力,倡导了正面价值观。影片获得了票房与口碑的双重收益,给了人们很好的启示,那就是只有尊重市场规律和艺术规律,才能提升宣传艺术,进行有效传播。在我国电视节目的生产中,这一思路也愈发清晰。以新闻节目为例,央视的《新闻联播》一向是国内最具权威的新闻栏目,其主持人风格以严谨、严肃、庄重著称。但近年来,栏目不断启用如欧阳夏丹、李梓萌等年轻、时尚的主持人,其语言也更为轻松活泼,这样的改变与调整正是基于对传播规律和宣传艺术的尊重,因此也收获了更好的宣传效果。

二、市场要素

1979 年,上海电视台播出了中国电视史上第一条商业广告,这个关键节点也被认为是中国电视行业进入市场化经营时代的重要标志。1992 年,随着改革开放的深化,广播电视被划为第三产业的产业属性得以明确。在现有体制的规定下,以

---

① 胡智锋.影视文化论稿[M].北京:北京广播学院出版社,2001:19.
② 刘建明.宣传舆论学大辞典[M].北京:经济日报出版社,1992:65.

及电视节目多元属性的牵制下,除了文化商品功能外,电视节目还负有公共服务的职责。在不同角色和利益追求的冲突与博弈中,中国电视产业与世界其他各国的电视产业一样,会不可避免地面临诸多困难与瓶颈,电视业的市场化程度还不完全。然而,市场要素在节目生产中的体现毕竟经历了从无到有,从边缘到中心的发展,这样的趋势不可更改。当前,"通过节目创新获得市场经济效益的最大化,已经成为各家电视机构的主要目标与任务,由此,市场动力成为节目创新最重要的推动力之一"①。

体现市场要素关键性最为典型的案例当属近年来涌现的电视娱乐真人秀大潮。在二十世纪之初,湖南卫视模仿《美国偶像》制作了《超级女声》,开启了我国电视选秀节目生产之先河。这一模式的成功在一时间引发了全国多家电视台,甚至是央视的注意与模仿。而在《中国好声音》大获成功之后,"转椅子"这一形式也被不断模仿,出现了一批雷同的电视节目。跟风与模仿体现了资本对利益的追逐,而当选秀市场趋于饱和,普通的选秀节目已经无法吸引观众的目光,大量同质化的内容必然引发恶性竞争。于是一些真人秀节目中出现了流于低俗、靠明星博收视的不良端倪。也正是在电视综艺娱乐节目千篇一律,看似已经走入死胡同的绝境之时,电视文化综艺节目异军突起,似一股清流涌入观众的心田,悄无声息的赢得了人心,也赢得了收视率。诚然,其间广电总局颁布的各种政策和限令在规范与引导电视娱乐节目方面起到了积极的作用,但从根本上来说,异质化的市场策略是这批电视文化节目实现突围与反击的深层原因。

市场要素除了体现在电视媒介环境内部的竞争中,也体现在电视与其他媒介的互动关系中。传统媒体与艺术样态的发展对电视节目的创新也产生了影响。如《东方时空》对杂志拼盘模式的学习,《第七日》对晚报新闻样态的借鉴,都体现了电视与纸媒的互动关系。在与电子媒体的竞争中,广播灵活的编排方式,主持人通俗幽默的语言风格刺激了电视节目风格的转换。而电影对画面的精耕细作也极大地影响了电视剧以及纪录片对画面美感的追求。例如近年来走红的纪录片《舌尖上的中国》便是以近似于电影的优美画质和高雅大气的文化气质打动了电视观众。另外,舞台艺术的突破也为电视晚会的场景与舞美表现提供了有益的借鉴。新媒体的崛起对于电视节目创新的影响具有本体的意义。在与新媒体的关系上,市场要素发挥了更为典型的作用。PC以及移动互联网具有较强的交互性和参与性,他们的出现改变了受众接收信息和娱乐的方式,灵活、便捷、私密、个性是新媒介对抗传统媒介的重要法宝。面对竞争的形势,电视在迎接挑战时,既要充分挖掘自身独特优势,又要注重与新媒体融合发展,只有这两条思路并举才能在波澜壮阔的媒介

---

① 杨乘虎.中国电视节目创新研究[M].北京:中国传媒大学出版社,2014:160.

更迭浪潮中站稳脚跟。在这样的策略下,一方面电视节目在重大突发事件的直播等方面体现权威性,另一方面也更加注重传播的对象化与参与感。开拓发展新媒体业务,越来越多的电视媒体实现了在线同步直播,以拓宽电视的传播平台。电视台与网站联合制作节目的案例也比比皆是。

三、文化要素

电视与文化之间存在着相辅相成的互动关系。一方面,电视传播活动存在于宏观的文化环境中,节目生产受到文化大环境的影响;另一方面,电视节目作为独特的文化景观,也参与了文化环境与生态的建设。

在国家内部,电视是广大民众文化精神生活的重要部分。"类型可被视为一种文化手段,被用来表现社会共同的价值观、维护社会的团结。"[①]电视塑造的偶像与明星,电视剧中故事的悲欢起伏,新闻报道中折射的众生百态,谈话节目中的现身说法等,都是社会心理在电视媒介中的表现,电视成为大众情绪的表达和宣泄场所,社会心理需求的群体化与类型化是电视节目生产模式化和类型化的受众基础。作为进入家庭的综合艺术,电视融合了此前所有的艺术表达手段,使受众不出家门便能享受丰富多彩的文化商品,成为广大民众文化消费、娱乐放松的主要方式。

在国际交流传播中,电视也是国家文化的象征和体现者,是国家软实力构成中的重要环节。好莱坞作为世界商业电影的最大出产地,其为美国带来的绝非只是经济收益。好莱坞出品的影视作品,无一不渗透着美国文化与美国精神。通过这些销往世界各地的文化商品,美国也将本国奉行的价值观输出到了世界上的每个国家。好莱坞成为我们警惕美国文化霸权主义的重要对象。在电视节目的生产与传播方面,同样存在类似情况。美国电视剧凭借其成熟的商业化运作经验,精湛的编剧水平捕获了许多国内年轻观众的收视兴趣。我们的近邻韩国也是电视剧生产的强国,《大长今》掀起的韩流,不仅使中国观众对韩国的饮食文化产生了浓厚的兴趣,韩国餐馆的数量直线上升,而且更重要的是观众为"长今"这个虚拟人物身上所展现的善良、智慧、坚毅等品格所感动,进而产生对韩国文化的认同感。同时,大量的韩国言情剧也影响着国内年轻观众的婚恋观和爱情观,韩剧成为了浪漫、纯情的代言词,许多年轻人对韩国服装、化妆品趋之若鹜。文化不仅能带动经济与消费,更深层次的力量在于文化能熏陶人,影响人。当前,中国的电视剧和电视栏目的生产量十分庞大,然而在世界电视舞台上,中国仍主要是电视节目版权的购买方而非出售方。好莱坞热播的动画影视作品《花木兰》、《功夫熊猫》等,其中的故事与形象都源自中国,而这些元素经过美国影视制作者之手,就被赋予了美国文化和价值

---

① [英]尼古拉斯·阿伯克龙比.电视与社会[M].南京:南京大学出版社,2001:44.

观,反向影响中国观众。韩国作为儒家文化圈的辐射地,从历史而言,是我国传统文化的外向输出目标,然而在今天文化商品的角力中,韩国影视作品对我国的输出量是高于我国影视作品向其输出的数量的。这些困境和危机值得所有的电视人关注和重视。电视节目具有跨国传播的特性,文化保护应当成为电视节目生产者的自觉意识,有意识地防御异域文化依托电视节目对本民族文化的入侵和压制。与此同时,我们也应当树立起文化自豪感,中华民族有着五千年的悠久历史,其浩瀚精深的文化源泉是我们创作电视节目的宝库。应通过研发出可向外输出的电视节目模式来有效传播我国的传统文化,在国际传播中塑造国家形象,提升软实力。

当然,传播本国文化并不意味着绝对意义的与外族文化相对抗。在全球化发展的今天,任何一个国家都不可能闭门造车,一味的通过文化保护主义排斥外来文化也绝非明智之举。欧洲电影的衰亡便是最为生动的教训。欧洲是世界电影的发祥地,欧洲大地上产生的意大利新现实主义,法国新浪潮运动,新德国电影运动等电影思潮曾经深刻地影响了世界电影的艺术创作格局。然而,在艺术保护政策驱使下,好莱坞电影的进口被极大程度的缩减,欧洲政府为艺术影片买单的做法并没有带来欧洲艺术电影的再度繁荣,反而使广大欧洲民众丧失了对电影的兴趣和关注,使得欧洲电视市场整体低迷,电影创作萎缩。不得不说,这种只"堵"不"疏"的短视政策是导致欧洲电影走向衰败的根本原因。

因此,对我国的电视节目生产而言,把握好"全球化"与"本土化"这一对矛盾体的辩证关系是极为重要的。"'全球化'意味着全球共同遵循的规律、普遍认同的律条;'本土化'则意味着相对独立的规则,富于个性、特殊性的存在。"[1]这个矛盾在"模式引进"类节目中表现得尤为明显。通过大量成功或失败的模式引进案例,我们很容易发现,凡是不尊重我国本土文化心理的移植几乎都以失败告终,而具有长久生命力的模式引进往往是在学习借鉴国外节目形式的基础上,对其内核进行去伪存真调整的节目,其注入了我国观众乐于接受的文化内容。因此,学习与模仿绝不应该生搬硬套,全盘照抄,而应该尊重我国的国情,深刻吸收外来文化的精华,如欧美文化的强调竞争和个性,亚洲文化的包容与内敛等,应使这些文化精神成为对中国电视节目原创有所裨益的文化养分。

第二节 中国电视节目形态的"模式引进"

"电视节目模式通常意义上指将成功的电视节目的叙事方式(如故事表达、人物设置、流程推进、后期效果)和运营运作等进行归纳总结,从而固定下来的一种可

---

① 胡智锋.电视传播艺术学[M].北京:北京大学出版社,2004:86.

供推广的模板。"①在电视节目生产领域,"模式引进"是世界通行的做法。纵观世界电视史,电视节目的生产从偶发与随意、缺乏创作自觉的萌生阶段,进化到创作者自觉归纳某种特定类型节目的一般生产规律的成长阶段,最终进入具有成型节目体系的成熟产业阶段。关于电视节目模式形成产业的起源问题,美国学者莫兰认为"从 1935 至 1955 年,电视模式产业已经开始践行"②。我国电视业的起步比世界电视晚了约 20 年,加之在改革开放之前,我国电视业并不具备产业属性,电视节目生产极度不发达。因此,在我国对电视节目模式问题的实践与研究始于新旧世纪之交。

一、中国电视节目形态的"模式引进"景观

1998 年,中央电视台引进法国体育娱乐节目《城市之间》,并改编成《幸运 52》,这是中国电视界第一次引进国外电视节目模式。《幸运 52》成为了中国家喻户晓的电视节目,由于其本土化改编恰到好处、不着痕迹,许多观众并不了解这档节目的创作来源。此后,在二十世纪初《超级女声》对《美国偶像》模式的借鉴获得了巨大成功,并引发了一众电视台的跟风,但总体而言,这一时期国内各电视台的版权意识并不强烈,对电视节目的"模式引进"也缺乏深入的概念理解和自觉的行动意识。中国电视界真正对这一问题开始大规模实践,并形成特有的文化产业景观,应该始于 2010 年前后。

2010 年,东方卫视引进英国版权制作了《中国达人秀》,栏目迅速火爆。以此为标志,"模式引进"这个概念在我国电视界和研究领域真正获得关注,模式引进在节目质量和商业收益方面的双重成功,引发了电视制作者的强烈兴趣。各阶段"模式引进"节目的数量统计可以十分明确地说明这一景观逐步形成的过程。

2002—2013 年我国电视节目"模式引进"数量

年份区间	2002—2005	2006—2009	2010—2013
引进节目数(档)	4	10	49
增长率	—	150%	390%

根据表中的数据显示,从 2002 至 2013 年,以每四年为计数,我国电视节目模式引进的增长幅度十分惊人,呈现出跨越式、几何倍数的增加。如果说在 2013 年

---

① 胡智锋,刘俊. 进程与困境:模式引进时代中国电视的内容生产与产业发展[J]. 深圳大学学报(人文社会科学版),2016,(3):29-34.

② Jean K, Chalaby. At the origin of a global industry:The TV format trade as an Anglo—American invention [J]. Media, Culture & Society, 2012,34(1):36-52.

以前,大规模的"模式引进"主要体现在引进节目数量上的不断增加,那么从 2013 年开始,除了数量的增加之外,引进形态的丰富与多样性也得到大幅提升。2013 年之前,我国引进的节目模式主要囿于歌唱类、才艺选秀类和婚恋类。而"2013—2014 年这两年间,突然有约 30 种新出现的综艺节目类型,呈'井喷式'地活跃在电视荧屏上,如果算上之前长期存在的经典类型,这两年活跃的综艺节目类型超过 40 种。不少新类型节目还成长为'现象级'节目,实现了对综艺娱乐风潮和社会文化话题的双重引领"①。

2016 年以前我国电视综艺节目模式引进情况

节目	播出频道	引进国家	原版节目
超级减肥王	中央电视台	美国	The Biggest Loser
梦想合唱团		英国	Clash of the Choirs
城市之间		法国	Intervilles
幸运 52		英国	COBINGO
地球故事		美国	Survival
梦想新搭档		美国	Clash of the Choirs
开门大吉		爱尔兰	Superstar Ding Dong
了不起的挑战		韩国	无限挑战
谢天谢地你来啦		澳大利亚	Thank God You're Here
中国达人秀	东方卫视	英国	Got Talent
妈妈咪呀		韩国	Super Diva
舞林争霸		美国	So You Think You Can Dance
步步惊心		美国	Minute to Win It
顶级厨师		英国	Master Chef
我心唱响		荷兰	Sing It
梦立方		英国	The Cube
中国梦之声		美国	Amercian Idol
花样姐姐		韩国	Sisters Over Flowers
我们 15 个		荷兰	Utopia

① 刘俊,胡智锋.多元类型的"井喷":中国电视综艺节目内容生产的新景观[J].中国电视,2015,(2):22-25.

节目	播出频道	引进国家	原版节目
我们约会吧	湖南卫视	英国	Take Me Out
我是歌手		韩国	I am a Singer
百变大咖秀		西班牙	Your Face Sounds Familiar
名声大震		英国	Just the Two of Us
舞动奇迹		英国	Strictly Come Dancing
中国最强音		英国	X Factor
女人如歌		荷兰	The Winner Is
以一敌百		荷兰	1 vs 100
爸爸去哪儿		韩国	爸爸,我们去哪儿?
真正男子汉		韩国	真正的男人
全员加速中		日本	全员逃走中
最高档		英国	Top Gear
中国好声音	浙江卫视	荷兰	The Voice of Holland
中国梦想秀		英国	Tonight's the Night
中国星跳跃		荷兰	Celebrite Splash
越跳越美丽		美国	Dance Your Ass Off
奔跑吧兄弟		韩国	Running Man
爸爸回来了		韩国	超人回来了
转身遇到 TA		美国	The Choice
老公看你的	江苏卫视	德国	My Man Can
星跳水立方		德国	Stars in Danger:High diving
欢喜冤家		美国	The Marriage Ref
一站到底		美国	Who's Still Standing
最强大脑		德国	Super Brain
芝麻开门		以色列	Raid the Cage

节目	播出频道	引进国家	原版节目
我为歌狂	安徽卫视	荷兰	Mad for Music
势不可挡		英国	Don't Stop Me Now
丛林的法则		韩国	金炳万的丛林法则
黄金年代		意大利	The Best Years of Your Lives
我爱我的祖国	湖北卫视	荷兰	I Love My Country
我的中国星		韩国	Superstar K
中国星力量	山东卫视	韩国	K-POPSTAR
两天一夜		韩国	Happy Sunday
惊喜！惊喜！		英国	Surprise! Surprise!
年代秀	深圳卫视	比利时	Generation Show
极速前进		美国	The Amazing Race
男左女右		荷兰	Battle of the Sexs
一声所爱·大地飞歌	广西卫视	英国	True Talent
完美暗恋	广东卫视	荷兰	Dating in the Dark
激情唱响	辽宁卫视	英国	X Factor
天下无双	天津卫视	英国	Copycat Singers
最美和声	北京卫视	美国	Duets

从表格中所示 2016 年前我国电视节目"模式引进"的情况来看,计入统计的 61 档节目中涵盖了如《中国好声音》《最美和声》等歌唱类节目;《舞动奇迹》、《舞林争霸》等舞蹈类节目;《星跳水立方》等明星跳水类节目;《爸爸去哪儿》等明星亲子类节目;《老公看你的》等竞技游戏类节目;《奔跑吧兄弟》等明星户外类节目;《我们 15 个》等素人生存类节目;《完美暗恋》等恋爱题材类节目,涉及的类别与形态十分丰富。从引进国家来看,英国最多,达 16 档,美国和韩国第二,都是 12 档,荷兰 10 档,德国 3 档,爱尔兰、法国、澳大利亚、西班牙、意大利、比利时、以色列、日本各 1 档。这样的分布情况也较符合各国电视制作的真实水平。英国作为文化创意产业大国,其电视节目模式输出的历史悠久,像《美国偶像》这样大热的模式原版也是来自英国。美国、韩国、荷兰也都是电视产业十分发达的国家。由此可见,一个国家电视节目的制作水平,电视行业的发展水平可以通过节目的模式输出得到充分体现。

二、电视节目"模式引进"的价值与意义

从某种意义上来说,"模式"与"类型"在市场环境中具有相类似的意义。好莱坞类型电影制度的形成是产业化发展到一定阶段必然的结果,也是为了实现盈利最大化必须的要求。"类型"以特定元素吸引特定观众,在类型逐步形成的过程中,这些特定元素以及元素的特定组合方式经历了反复的检验,通过这些验证,将无法吸引观众的元素去除,保留和吸纳那些能够长久且有效吸引观众的元素,最终形成能够保证稳定收益的电影成片方式。"类型电影"几乎就是商业电影的代名词,"类型"策略也是一部电影想要获得较好票房回报的最可靠途径。尽管电影的艺术属性与"类型"所代表的模式和刻板存在激烈的冲突,艺术电影的发展也在不断地对现有类型的突破和悖逆中得以实现。但不得不说,类型电影是电影工业发展中至关重要的一个概念。

与电影明确存在着艺术属性不同,一般而言,我们在考察电视问题时,主要采取从传播学、文化学的视角进行研究,从艺术学角度来审视电视则显得不太准确。电视发展到目前为止,主要是作为一种传播媒介而非一种艺术形式存在,其在艺术表现方面的能力完全不能与电影相提并论。因此,从学理角度为电视节目的模式化找到依据,从根本逻辑上来看是完全顺畅的。而从实践层面来看,如果电影创作中还存在着"反类型"的策略,那么在电视节目的生产中,模式可以通过不断地创新和突破产生新模式,却并不存在"模式"之外成功的电视节目。归根结底,电视节目制作从根本上来看,并不是纯粹的艺术创作问题,而是文化商品的生产与传播问题。

因此,在世界范围内的节目模式的流通有其必然性,是一股不可逆转的潮流。优秀的节目模式创意就是价值无限的优质商品,可以通过在世界电视市场的流通转化为直接的经济收益。而购买此种节目模式的买方,可以以此为依据在短时间内制作出成熟的电视节目,实现自身的经济收益。客观上来说,我国电视产业在2010年之后的繁荣与"模式引进"存在密切联系。可以说,如果没有短时期内大量引进国外成熟模式的电视节目,我国的电视荧屏不会呈现出当下百花齐放的精彩局面,缺少了那些"现象级"栏目的高收视成绩,我国电视产业的规模也不可能迅速地崛起。"模式引进"方式对我国电视节目生产的积极意义至少有下列几个方面:

首先,"模式引进"方式在短时间内极大地丰富了我国电视节目的形态,加快了我国电视产业化发展的步伐。从世界电视节目的发展历程来看,各种类型的节目轮番上阵,可以说各领风骚数年,电视节目的流行热点总是在不同的节目类型中切换和迁移。而"真人秀"这一节目形式却是电视节目业难得一见的"常青树",从电视节目发展早期就出现的问答竞赛类节目开始,到电视产业高度成熟之后出现的

题材更为丰富的形形色色的婚恋、选秀、明星真人秀,这一节目形态由于其兼具戏剧性和真实情境,受到了电视观众长久的喜爱。在我国,尽管改革开放后,电视行业的进步神速,但由于整体上的产业化程度和节目制作能力与西方发达国家或近邻韩国、日本的差距还较为明显,我国电视真人秀节目的自主生产能力是有所欠缺的。引进源头活水之后的积极影响并不限于"真人秀",这些优质现象级节目的成功在客观上刺激了我国电视制作机构收视率意识的提升,给其他类型的节目生产也提供了良好的样本。可以设想,如果没有"模式引进",而完全依靠自身力量,我国的电视荧屏绝不会像今天那么丰富多彩,电视的广告收入以及产业规模也不可能在短时间内有如此迅速的提升。

其次,"模式引进"启发了我国电视节目的制作思路,为我国电视节目制作注入了新的理念,一定程度上提升了我国电视节目制作的水平。在大规模"模式引进"未成气候之时,我国电视综艺节目的制作基本处于自我探索的状态,即使偶尔萌生出一些好的创意和做法,也无法形成具有推广意义的固定的节目模式。境外节目模式大规模进入我国电视制作方的视野后,带来了成熟的制作流程和被检验过的节目效果,从对外方节目制作方式的观摩、参与和学习中,我国电视节目制作机构获得了直接的经验,也加快了与国际接轨的步伐。在模式输入的过程中,一般而言,外方制作单位除了提供节目创意、具体程序、场景设置等方面的参考,有时还会直接派出制作团队指导和参与我国节目的录制编辑,提供编导、摄影、灯光等各方面具体环节的帮助。如《奔跑吧兄弟》的制作过程中,在前期策划时,中韩双方分别提出创意,经过充分讨论后共同制定节目方案,并交由韩方主要执行。团队中的导演、编剧、摄像等重要人员都是韩方工作人员,我方派出两名副导演,主要负责协助韩国导演,其他核心岗位也设中方助理,在四期节目录制完毕后,韩方人员撤出,由我方工作人员独立担任生产工作。这样前期由混编团队担任节目制作的方式既保证了韩方成熟制作经验的执行,也为我方工作人员的节目制作提供了最直接的样本,从客观上促进了我国电视制作水平的迅速提升。

最后,"模式引进"促进了我国电视行业"制播分离"及其他先进产业模式的进一步发展。一个很明显的现象是,在这一轮"模式引进"的浪潮中,一批实力雄厚的民营电视制作机构得以成长,正是这一批制作机构专业化的制作保证了引进节目的水准与质量。除了新闻节目外,很多电视台将娱乐节目的制作交由民营公司,电视台主要负责节目播出,这种分工更为细化的先进方式为我国电视的可持续发展提供了良好的制度保障。境外的先进模式不仅体现在节目样式,也体现在更为成熟的节目营销和开发方面,这些新思路都为我国电视行业的发展打开了新局面,我国电视制作机构的经营理念由此受到启发。从电视节目的制作、传播到节目模式的深层次开发,一条以节目模式本身为核心,制片方、分销商以及播出方、后续衍生品开发者等密切关联的完整产业链在我国逐步形成。将一种电视节目模式的经济收益扩展到最大化。如明星亲子真人秀节目《爸爸去哪儿》在大获成功后,相继拍摄了衍生的同名电影和话剧。可以说,境外节目模式带来的不仅是丰富的节目样态本身,其更进一步的意义在于刺激和促发了我国电视行业的制作和传播新思维,从而对我国电视产业的远期发展产生积极作用。

三、电视节目"模式引进"的困境与出路

不可否认,引进境外成熟的电视节目模式,已经成为各个电视台研发新节目,获得高收视率和高关注度的一条捷径。引进了先进的节目模式,几乎已经为节目赢得了超过半数的成功机会,节目制作机构一方面可以使用版权方的制作模式生产节目,另一方面也可以直接借用模式本身的知名度为本土节目的品牌营销助力。因此,模式引进类节目在节目推广以及吸引广告商等方面都具有不可比拟的优势。然而,"模式引进"也会带来明显的负面效应。"当前全球80%的广播电视节目形态产自英美两国,如果国内电视节目仅仅依附于西方节目理念的输出,那就只能面对'被垄断'的艰难境地。"①

首先,盲目的模式引进可能会因"水土不服"产生观众接受效果的偏差,隐藏着商业失败的风险。随着一些模式引进类的节目成为现象级节目,获得了巨大的经济回报,我国电视业内或多或少地出现了一种"外国的月亮比中国圆"的思维定势,由此,认为凡是"模式引进"类节目就一定能获得成功。而实际上,中外文化的差异,中外观众欣赏趣味及审美水平的差异,中外国情的差异都决定了我们在进行模式引进时,是需要经过科学论证和细致鉴别的。因盲目引进而导致节目效果不佳,投资失败的例子比比皆是。在西方电视史上,有一档十分经典的电视节目《谁能成为百万富翁》,实际上,早在这档电视节目出现之前,美国广播中的同类型节目《百万美元的问题》便已堪称经典。电视版的《谁能成为百万富翁》长期以来收视率稳定,其直接赤裸的高额奖金刺激一向吸引着观众的高参与和高关注度。这档节目的主持人由一位中老年男性担任,他表情严肃,语言犀利,总是能给场上的参赛选手带来无形的压力,许多美国观众被这档节目所吸引的重要原因在于,他们十分乐意见到参赛选手在面对比赛高强度以及主持人威严姿态的时候所展示出的窘迫与慌张。这档节目的模式拷贝难度很低,很容易被模仿和借鉴。我国也曾模仿过这档节目,由女主持人沈冰主持了一档十分类似的节目《智者为王》,在节目中,沈冰的着装和主持风格都刻意地模仿了原版节目的主持人,呈现出一种严肃和不苟言笑的形象。然而,这档中国版的"百万富翁"播出之后收视平平,没过多久便淡出人

---

① 严三九.关于引进海外电视选秀节目模式的思考[J].中国广播电视学刊,2013,(10):1.

们的视野。究其原因,节目的失败源自中国观众无法很好地接受原版节目所传递的价值观,也不能认同节目所营造的高压下选手出丑的严肃氛围。尽管我国社会的开放程度比过去要高得多,也以发展市场经济为主线,但我国社会在众多方面与西方社会存在十分明显的差异。在西方,人们认为金钱是衡量人生价值的重要标准,赤裸裸的奖金刺激与西方观众的价值观是吻合的。而在我国社会,传统的价值观往往不鼓励直接的金钱追求,大家更认同"君子爱财,取之有道"的思想,并认为金钱背后的人伦道德是更高的价值标准。此外,西方社会的竞争意识也强于我国,西方观众对人与人之间残酷的竞争关系是接受和认同的,所以当他们在节目中看到选手因为不堪压力而"出丑"时,能有效地化解观众在现实生活中的生存压力。而在我国,人们更认同的价值观是合作、互助。所以,尽管现实中的竞争关系客观存在,但在电视节目中,大家更乐意看到的是不伤和气的比赛以及选手们其乐融融的场景。

另一档能充分说明问题的节目便是《幸存者》。美国电视经典栏目《幸存者》连续拍摄了数季,是电视节目中难得的能够长期维持高收视率的"常青树"。节目吸引观众的因素有很多,例如选手由不同种族个性鲜明的俊男美女组成,节目所展示的蛮荒之地的优美自然景色和猎奇景观,节目中选手们为了生存而适应自然的过程,选手在参与游戏时体力与智力的比拼,选手们在面对投票淘汰环节时耍手段、比心机的斗智斗勇等,可谓看点良多。二十世纪初,我国曾引进过这一模式,制作了户外电视真人秀《金苹果》。然而,由于当时我国户外拍摄的水平还较差,节目首先在场面呈现方面便与原版相差甚远,而导致这次引进失败的更为根本的原因在于节目中所展示的选手们为了成为最后赢家而暴露出的人性之恶是我国观众所不能接受的。

其次,大量的雷同模式引发了我国电视真人秀的同质化恶性竞争,导致一些节目出现低俗、作秀等不良倾向。在我国,由于优质电视节目模式的稀缺,往往会出现在一种节目模式获得成功后,便吸引一大批模仿跟风者的情况。例如江苏卫视的《非诚勿扰》成为现象级节目后,几乎在一夜之间,全国大大小小的电视台都开设了自己的"非诚勿扰",电视相亲成为一道独特的景观。但实际上,真正能获得观众认可的电视相亲节目少之又少,主持人孟非的人格魅力也不可能被随意复制。这种情况同样出现在模式引进的真人秀节目中。在《超级女声》大获全胜之后,全国相继出现了类似的歌唱选秀类节目,如江苏卫视的《绝对唱响》,中央台的《星光大道》,东方卫视的《加油!好男儿》和《我型我秀》等,细细考察不难发现这些节目都有《美国偶像》的影子,这种雷同版本蜂拥而至的情况,造成了我国电视娱乐节目同质化严重。同质化的竞争必然会导致各大电视台为了留住观众而使出浑身招数的惨烈局面,尤其是在明星真人秀中,为了争取到大牌明星,各大电视台都不计成本的用高价邀请明星参与节目,出现了在一档真人秀节目的制作费用中大头被明星报酬所占据的非常状态。于是，在电视荧幕上，观众便看到了各种明星带孩子、旅游、做饭等等雷同的情节，利用明星制造话题作秀的手段也十分常见，恐怕正是这样的荧幕乱象引发了广电总局在2016年严肃出台的"限真令"。而实际上，即使没有来自行政管理机构的强制性命令，观众对于这些同质化的低俗无聊也已经审美疲劳。这些投资巨大的节目，在被明星抽走了高额酬金之后的最终盈利情况是无法得到保证的。长此以往，很可能最后会陷入社会效益及经济效益全面溃败的困境。

再次，过度依赖模式引进，在某种程度上抑制了我国电视从业人员自主研发节目的创意能力，不利于我国电视节目制作水平的可持续发展。"电视节目创新都需要付出相当大的资金与人力投入，并且可能会面临着失败的风险。模式困惑进而强化了选择性恐惧，对失败的恐惧进一步压制了自主创新的勇气和信心，助长了模式复制与克隆的行为，从而形成了一个"焦虑—迷惑—恐惧—复制的创新怪圈。"①学者杨乘虎的这段论述指出了过度依赖模式引进产生的恶性循环，一方面，我国电视从业人员因为模式引进的便利和可操作，产生了对原创方式的恐惧和惰性；另一方面，恐惧和惰性加剧了我国电视节目原创力不足的困窘，进一步扩大了对模式引进的依赖。在这样的恶性循环下，我国电视节目制作者的思维逐渐固化，创新力逐渐退化，行动力逐渐减弱，种种问题都将成为可能。此外，在向国外模式取经的过程中，也较易出现只学皮毛而非本质的误区。一般来说，我国电视节目在拷贝境外模式时，只是依葫芦画瓢的将国外电视节目的制作流程和具体环节进行机械的复制，而缺乏对其节目的创意过程，尤其是策划节目时大量的背景工作鲜有研究，这些节目如何精准的回应受众需求的过程被严重忽视，而事实上，这些弦外之音才是更有价值和意义的学习对象。

最后，不加区分地大量引进西方电视节目，可能导致我国优秀传统文化与民族文化丧失传播阵地，为西方电视文本中隐含的文化霸权主义提供扩散的便利。模式引进的负面效应局限于电视产业内部，而且从更高远的国家文化战略角度而言，长期大量地引进西方电视节目模式容易滋生"媚外"问题。经过数年的发展，我国已经成为电视节目的播出大国，然而令人遗憾的是，这种规模之大主要体现在我国是世界电视节目版权销售的最大市场，而反向外销节目模式的例子却乏善可陈。作为一种特殊的文化商品，电视节目在策划及传播过程中不可避免地会体现传播主体的价值观。我国的电视发展固然不能走闭关锁国之道，但如果一味进口等于向西方世界双手奉上我国的文化传播阵地，长此以往显然不利于形成我国本土文化的影响力，本土文化和传统文化既已丧失了对本国观众的传播优势，又何谈建立文化强国的宏大目标。因此，我国的电视从业人员应当具有文化自觉性和警惕性，

---

① 杨乘虎.电视节目创新的路径与模式——中国电视节目创新问题研究之三[J].现代传播，2012，(6)：59.

不能沉湎于模式引进带来的眼下暂时的经济回报。"如果中国电视只满足于扮演全球电视创意中国销售的'商贩'角色,其结果,不仅在经济领域失去原创力和竞争力,更会在文化领域丧失优秀民族文化的创造力、传播力和影响力。"①

明确了"模式引进"的这些误区,有利于我国电视节目以一种更清醒和更科学的视角看待"模式引进"问题。首先,我们应当明确,电视节目的模式引进和自主研发并不是一对非此即彼的矛盾,而是一种辩证统一的关系。一方面,我国电视业的开放姿态不应改变,融入世界电视节目大潮是我国电视产业发展的必然选择。这其中,通过境外节目模式的引进来保持与世界电视的交流、对话的确是一条可行之道;但另一方面,引进节目模式不能等同于不加甄别地全盘照抄,更不能因此自主研发节目的原创力和对传统文化、民族文化的主体性。在"模式引进"的过程中,我们应当有计划有步骤地体会西方电视节目创意的实质价值,具体可以通过以下路径实现价值最大化的"模式引进":

第一步,我们应当高度重视模式引进过程中的"本土化"问题。我国电视节目在引进境外模式时由于忽视了接受环境的"水土不服"而导致失败的教训虽然不少,但另一方面,由于恰当对境外模式进行"本土化"改造而大获成功的经验也不胜枚举。例如前文所讨论的《智者为王》对《谁能成为百万富翁》的失败模仿,另一档在我国家喻户晓的益智类节目《开心辞典》实际也是对类似模式的借鉴,不同之处在于由于《开心辞典》实施了"本土化"策略,所以在电视节目收视市场保持了多年的高收视率,可谓经典的"本土化"移植的案例。首先,《开心辞典》将国外同类节目中赤裸的奖金刺激变化为"家庭梦想","家庭梦想"的实质是由一系列选手自选的奖品组成,但这种物质刺激却因注入了"亲情""梦想"等元素而显得温情脉脉了许多,对于中国观众而言,这种体现家庭观念的物质奖励显然更接地气。其次,主持人王小丫以亲切、和蔼的形象面对选手和观众,往往当有些选手在第一关就答错的情况下,王小丫会通过善意的提醒帮助他们闯过第一关,赢得象征性的小奖品,这种极具人性化的主持风格和节目运作方式也体现了我国传统文化中讲究"和谐"、"融通"的精神,选手参与节目时怀着一种既轻松愉快又充满爱心和梦想的状态,观众在观看节目时一方面增加了知识和见识,另一方面极具参与感的和选手一同闯关,紧张之余更多的是一种享受游戏的快乐。显然,在这样的情境下,原版模式中的很多适合西方文化土壤的元素已经被消解和替换,在原版模式基础上,《开心辞典》成功的注入了属于中华文明的文化元素,获得了观众的普遍认同。

第二步,在实现成功"本土化"的基础上,我国电视节目制作机构应当建立起文

---

① 胡智锋,刘俊.进程与困境:模式引进时代中国电视的内容生产与产业发展[J].深圳大学学报(人文社会科学版),2016,(3):29-34.

化自信和积极自主研发的主动意识。2009 年,湖南卫视实现了电视综艺节目《挑战麦克风》的模式改造,并被泰国正大集团下属的 TRUE VISIONS 这一电视机构看中并购买,从而成为我国首个出口外销的电视节目模式。尽管从目前来看,这种模式出口的例子还不多。但自近年来的"限真令"颁布之后,我国电视节目制作机构的原创意识明显有了提升,从 2016 年出现的电视综艺新节目来看,参与统计的38 档节目中,仅有 4 档是模式引进类节目,剩余 34 档均为原创,原创比例达到89.5%。更为可喜的是,在这些原创节目中,题材雷同单一的情况有所好转,出现了涉及文化、生活、体育、喜剧等多方面内容、多形态的真人秀节目。这些题材有的体现了对当下我国社会发展最新动态的呼应,如《二胎时代》是国内首档以"二胎"为素材的真人秀节目,通过孩子入住明星家庭的形式模拟二胎政策实施后,涉及家庭所经历的喜悦、幸福、彷徨和压力;《一年级·毕业季》则是湖南卫视与上海戏剧学院联合摄制的原创校园纪实节目,由四位明星导师带领上系毕业班的学生与人气旁听生进行戏剧表演的 PK。这些贴近现实的节目既有效地借用了明星元素,又通过参与普通人生活,关注社会热点问题等方法有效规避了此前明星真人秀虚假作秀、不接地气的弊病,因此取得了社会效益和经济效益的双重收获。央视作为国家级权威媒体,在综艺节目的制作方面也彰显了大台风范,《中国诗词大会》通过古典诗词的高雅精深、参赛选手的博学多识、主持人董卿的知性魅力、舞台场景的精美绝伦、嘉宾点评的精彩生动等以传播优秀传统文化为己任,为观众带来了纯净的美感,这种独特的审美享受帮助节目实现了口碑和收视的双赢,成功地实现了对过度娱乐化的逆袭。另一档我国首个融媒体节目《中国舆论场》是一档融新闻信息、嘉宾评论等多种元素为一体的话题讨论类节目,节目使用大数据手段,以全媒体平台的舆论热点为讨论话题,提倡对社会热门事件充分讨论,反映民情民意,传播主流思想以及正能量。这档节目贯彻了融媒体思维,相比之前的新闻言论节目,这档节目的视野更宽,信息渠道更畅通,观点与言论也更生动更具说服力。

2016 年我国电视综艺新节目播出情况

节目名称	播出频道	版权模式	制作方/版权方
中国诗词大会	中央电视台	原创	中央电视台
中国舆论场		原创	中央电视台
王牌对王牌	浙江卫视	原创	浙江卫视
二十四小时		原创	浙江卫视、盛唐时空
蜜蜂少女队		原创	浙江卫视、从容制作
谁是大歌神		模式引进	韩国 JTBC 电视台

节目名称	播出频道	版权模式	制作方/版权方
来吧冠军	浙江卫视	原创	浙江卫视、蓝天下传媒
熟悉的味道		原创	浙江卫视、千足传媒
中国新歌声		原创	浙江卫视、灿星制作
中国冠军范		原创	浙江卫视
喜剧总动员		原创	浙江卫视、欢乐传媒
梦想的声音		原创	浙江卫视
我们 17 岁		原创	浙江卫视
旋风少女	湖南卫视	原创	湖南卫视、华录百纳
妈妈的牵挂		原创	湖南卫视
我想和你唱		原创	湖南卫视
夏日甜心		原创	湖南卫视
一年级·毕业季		原创	湖南卫视
头号惊喜		原创	湖南卫视、兴格文化
二胎时代	北京卫视	原创	上海千足文化
跨界喜剧王		原创	北京卫视、千秋岁
熊猫奇缘		原创	北京卫视
花漾梦工厂	山东卫视	原创	山东卫视、千足传媒
娜就这么说	东方卫视	原创	东方卫视、中传视界
燃烧吧卡路里		原创	东方卫视、爱享文化
花样男团		原创	东方卫视、元纯传媒
加油美少女		原创	东方卫视、北京文化
星球者联盟		原创	东方卫视、至初无限
今夜百乐门		原创	东方卫视
天籁之战		原创	东方卫视
笑星闯地球		原创	东方卫视
星厨集结号	天津卫视	原创	元纯传媒、天津卫视、东南卫视
我们的法则	安徽卫视	模式引进	韩国 SBS 电视台
阳光艺体能	湖北卫视	原创	湖北卫视

续表

节目名称	播出频道	版权模式	制作方/版权方
看见你声音	江苏卫视	模式引进	韩国
说出我世界		原创	共创文化、天择传媒
蒙面唱将猜猜猜		原创	江苏卫视、灿星制作
我们战斗吧		模式引进	荷兰

尽管目前我国与西方发达国家在电视节目创意能力方面的差距仍然客观存在,但作为一个具有五千年文化历史的文明古国,作为人口体量巨大的电视消费大国,我国在本土文化以及电视节目市场资源方面都具有得天独厚的优势。因此,对于未来中国电视节目的创意能力,我们应当持有乐观态度,只要我国的文化产业从业者对自身的文化担当和政治责任有明确的认识,我国的电视事业一定能后来居上,在全球化语境中沿着本土化的路线,成功完成电视节目模式的自主研发、生产和传播,摸索出具有中国特色的电视节目模式研发理念及路径。

第三节　中国电视节目形态的创新路径

随着社会环境的变化,观众的审美心态也发生着迅速的变化,过去一档电视节目往往可以流行数年甚至数十年,而现在电视节目频繁改版,推陈出新的节奏明显加速,这一切工作都是电视制作者为了使节目尽可能满足和吻合观众口味而努力追求的。然而,尽管电视节目更迭的速度已经提升了很多,但从总体来说,电视节目形态创新的步伐仍然没能完全适应和追上观众欣赏趣味和心理预期方面的日益提升。因此,围绕中国电视节目形态的创新路径进行思考和总结,是一件极具现实意义的工作。

一、中国电视节目形态创新的本质探寻

从电视诞生之日起,电视从业者关于节目创新的追求和探索就没有停止过。尽管电视节目的流行趋势千变万化,但当新节目形态取代旧节目形态时,仍有一些客观规律是可以探究的。深刻了解电视媒体的特性和本质应当成为电视节目形态创新的基点和起点。每个时代都有自己特有的艺术形式,不同的历史时期,人类借用着不同的方式来讲述故事、表达情感。在电影诞生之前,人类历史上已经出现了音乐、文学、雕塑、摄影等各种艺术形式。然而,令人遗憾的是哪怕是还原度最高的摄影艺术,也只能记录和截取人类生活的某个瞬间。电影的出现具有划时代的意义,它是人类历史上产生的首个能够记录人的运动和人类生活连续片段的艺术手

段。之后产生的电视,在视听特性方面天然地继承了电影的记录性,并且由于其是继电唱机、广播之后第三个进入家庭的媒介,电视在沿袭电影各种视听表达手段的同时也从广播那里传承到了平民媒介特有的普及性和流行性。

有学者认为"电视的魔力,主要在于'虚拟真实'、'超真实'"①。所谓的"虚拟真实"是一个便于理解的概念,由于视听媒介在记录现实世界时体现出比其他媒介更保真的特点,影像中的现实尽管只是基于视觉暂留原理而产生的幻想,但却是与真实世界最接近的"虚拟真实"。而关于"超真实",有学者认为,"当世界通过视觉机器变成了纯粹的表象的时候,也就意味着在这个世界里,不再有本质与现象、真实与表象之分,表象本身就是真实,并且是一种比真实还要真的'超现实'"②。事实上,这一观点经过近年来兴起的 VR 技术得到了进一步的印证。包含电视在内的视听媒介带给观众的体验不仅是高度仿真,而且能提供超越肉眼感受的更为细致、纯粹的观看世界与现实的角度。

与电影不同的是,电视除了具有与"真实"相关的魔力之外,其对生活高度参与的姿态是平民媒介赋予的特有天性,纵观电视节目的发展历史,以此大做文章的节目形态最为丰富,数量最多,传播影响力最强。自康德以来的传统美学,其核心观点之一便是认为审美经验的本质是"超功利性",因为审美主体与审美对象直接的"距离感",使得人们的审美活动是远离切身利益的纯粹的无利害行为。然而,现代艺术与之后的后现代思潮倾向于对距离的消解和消除,它们认为审美活动应该与人们的日常生活相互渗透,电视等现代媒体的出现,无疑使这种思潮得以实现。如果说诗歌、音乐、绘画等传统艺术为人们提供的是远观的意蕴之美,那么以电视为代表的现代媒介给人们提供的则是近处观摩现实乃至参与现实的欲望满足之美。因此,在日常事物中注入新奇感便成为电视节目创新的本质所在。追溯艺术理论的源头,亚里士多德在论述悲剧时便已提出"惊奇给人快感"的论断,"惊奇感使观众从情节的'突转'和'发现'中获得不寻常的审美体验,这实际上就是陌生化"③。"惊奇"所带来的感官刺激和独特体验能够帮助现代人消除紧张生活节奏带来的压力和疲倦,也成为人们观看电视的重要目的,在节目创意策划时,对"惊奇"感的合理制造和使用是成功的关键。当然,一味追求猎奇则又滑向了另一个极端,过度娱乐化和低俗化成为了电视节目的另一大弊病。如何在电视节目设置中制造恰当的"惊奇"与"间离"效果,同时规避过度庸俗化的不良倾向,是我们在进行电视节目创

① 胡智锋,董小玉.求异与趋同:中国影视文化主体性追求与现代性建构[M].重庆:西南师范大学出版社,2008:232.
② 吴琼.视觉性与视觉文化——视觉文化研究的谱系[J].文艺研究,2006,(1):90.
③ 杨乘虎.中国电视节目创新研究[M].北京:中国传媒大学出版社,2014:83-84.

新时的决定性问题。

二、中国电视节目形态创新的路径选择

从电视节目形态创新的本质出发,把握好"日常"与"陌生"的关系,我们可以通过以下路径实现电视节目形态的有效创新:

首先,通过"还原"与"重建"实现"日常化"内容的"日常化"展示。作为具有伴随特质的平民媒介,电视天然在表现现实的逼真性方面具有优势。观众在观看电视节目时的一种基本心态便是能够在电视荧幕上看到最真实的生活情境的展示。电视媒体可以通过记录手段达到对生活事件及场景的还原,也可以通过设置与现实高度相似的故事时空,经过特殊艺术处理达到对现实情境的重建。无论是哪一种手法,其目的是一致的,即:使观众产生身临其境之感,达到感染观众的目的。如大量的家庭伦理连续剧正是通过对现实生活的高度保真日复一日地吸引观众观看。又如以《南京零距离》为代表的民生新闻栏目的火爆,重点之一便在于命中新闻接近性原则的"零距离"。在《南京零距离》走红之前,我国新闻节目偏爱大题材,记录大人物,少有对市民活动的直接呈现。民生新闻则将摄影机镜头对准小老百姓经历的琐碎小事,成功地与观众建立起了相关性和亲密度,是对日常生活经验的模拟和呼应。

其次,通过"逆转"与"落差"实现"日常化"内容的"陌生化"展示。想达到对平凡内容的"陌生化"呈现,必须通过一些特殊的手段挖掘常见事物的差异性特征,实现"去熟悉化"的传播效果。如大量对历史事件、历史人物的戏说型电视剧,所采取的就是对经典内容进行反差化的改写。电视剧《武林外传》将观众熟悉的古装元素进行后现代拼贴,达到陌生化的传播效果,获得了大量年轻观众的喜爱。再如生命力长久的真人秀节目,其实质性的策略便是设计具有"日常化"特征的游戏情境,通过邀请明星参加游戏等手段来实现"陌生化"的效果。真人秀的另一种叙事策略则是将表演现场和选手在幕后的表现交替剪辑在一起,以此实现差异化的观看感受。歌唱选秀节目区别于"青歌赛"等较为传统的歌唱比赛节目的地方在于加入了选手在赛场这一显性舞台背后的活动,这种新奇的观看体验显然是节目更为本质的吸引观众的原因。

再次,通过"嫁接"与"迁移"实现"陌生化"内容的"日常化"展示。"陌生化"的内容保证了电视节目在原始素材方面就已经符合差异性原则,因此是利于营造"惊奇"效果的。然而在节目创意时,需要注意的是,并不是所有的"陌生化"内容都是观众能够接受并感兴趣的,有些素材必须通过建立起与观众日常生活的关联,或者唤起观众日常审美经验的方式才能取得良好的传播效果。如《百家讲坛》栏目,嘉宾讲解的专业领域的历史、文化知识对普通观众而言显然是有距离感的"陌生化"

内容,如果不注重表现方式,很可能会因为曲高和寡而无人关注。《百家讲坛》使用了"嫁接"的手法,将艰深的知识转化为动人的故事,嘉宾以叙述故事的逻辑和口吻讲解这些知识,便达到了深入浅出的效果,使得节目在保证文化品位的同时也具有较高的收视率。近年来,另一部获得观众好评的纪录片《我在故宫修文物》将镜头对准故宫修缮文物的工作人员。这些工作人员所从事的职业既普通又神秘,一般观众去故宫只有参观的经验,很少有人会关注这些文物的修复和呈现过程。因此,这部纪录片首先在内容和视角方面便具有较强的新鲜度。但由于文物修缮是一件极为专业也极为枯燥的工作,如果只是对这些工作人员的日常工作做最忠实的记录,片子的可看性一定不强。因此,创作者使用了"迁移"的手法,重点展示一些知名文物的精细的修缮过程,引发观众的兴趣,然后注重挖掘这些工作人员日常工作中一些富有趣味的细节,使人物的形象更为生动,更具鲜活的个性。正是这些策略使得这部题材上显得小众的纪录片获得了口碑和市场的双赢。

最后,通过"悬念"和"延宕"实现"陌生化"内容的"陌生化"展示。对"陌生化"内容的"陌生化"展示看似是一个顺其自然的过程,但在实际的节目创意过程中,如何设置科学的节目流程,最大程度的激发观众观看节目的欲望,仍是一个需要科学策划的命题。如央视的《探索发现》栏目,其表现对象是对普通人来说完全不可知的领域,栏目在叙述这些科学内容时,往往会在节目开始的时候便设置一个悬念,随着抽丝剥茧的推理和深入的调查,谜团逐渐揭开,到一期节目结束,真相才得以示众。观众在观看节目时始终怀有强烈的好奇心和参与感,正是这种能激发"惊奇"感的手段才使一档科教节目走向大众化传播之路。此外,在尖锐的戏剧矛盾中,也可以加入叙事副线,使主线故事情节的紧张氛围得到表面的暂时的缓解,这种欲擒故纵的"延宕"方式进一步加强了观众的期待心理,利于营造扣人心弦的节目效果。

三、中国电视节目形态创新的机制保障

"文化创意产业的价值链其实就是一条以'创意'产生、传输和消费为核心环节的价值链,创意即内容,内容即创意。"①电视作为文化创意产业,其产业化程度的核心标志便是产业链的健全与成熟。在西方发达国家,一般形成了从节目模式研发创意到观众收视行为之间完备的价值实现链条。

① 邵培仁.文化产业经营通论[M].成都:四川大学出版社,2007:44.

电视节目模式产业化运作流程图

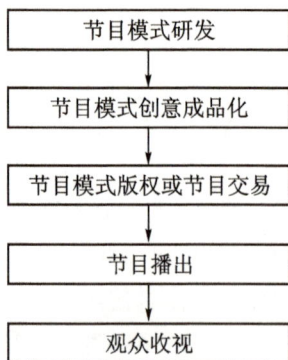

```
┌─────────────────────┐
│    节目模式研发      │
└─────────────────────┘
          │
          ▼
┌─────────────────────┐
│  节目模式创意成品化   │
└─────────────────────┘
          │
          ▼
┌─────────────────────┐
│  节目模式版权或节目交易 │
└─────────────────────┘
          │
          ▼
┌─────────────────────┐
│      节目播出        │
└─────────────────────┘
          │
          ▼
┌─────────────────────┐
│      观众收视        │
└─────────────────────┘
```

在这条产业链中,电视节目模式的创意与研发是最重要的环节,处于价值链顶端,是具有决定意义的含金量最高的生产单元。可以说,如果没有了高质量的节目研发创意,整个价值链将不复存在。当下,我国电视频道之间收视率竞争的白热化,只是我们看到的电视竞争的最终表现形式和结果,其背后实质意义的竞争归根结底是节目模式的竞争,也就是节目创意与研发能力的竞争。西方电视产业的成熟度高,西方发达国家早就已经十分重视电视节目模式的研发环节。围绕节目模式研发创意的相关制度建设和环境构造也十分成熟。如"2000 年英国 BBC 电视台将节目制作人员作为公司的核心人才,并'将公司 85%的资金投入到新颖节目'模式的研发当中"①。

在我国,想要尽快地追赶上发达国家的电视节目模式创意能力,必须建立起有效的保障体系,只有这样才能实现更稳定及更长远的节目研发能力的提升。作为这一体系的基石,首先我们应当建立起完善的知识产权保护制度,提升文化产业的版权意识。到目前为止,"关于电视节目模式版权的问题,现有的《著作权法》、广播电视的相关管理条例,以及国际相关的版权法公约等,尚未能对此提供完善的司法解释与法律保护"②。国内电视节目抄袭的现象仍然十分严重,版权争端也屡见不鲜。对创意进行法律保护的缺失,将严重的妨碍研发人员的创意积极性,对文化创意产业来说是致命的伤害。可喜的是,随着节目模式创意的价值得到进一步的认可,我国当下的节目版权意识正在得到提升。中央电视台实行了《中央电视台版权管理规定实施细则》;《快乐大本营》以专利形式对其节目创意申请了专利权;上海电视台对其标志卡通形象"小小"进行了商标注册。这些行动无疑体现了电视节目制作方对版权的重视与保护。在现有的法律框架下,节目模式创意人员应该尽可

---

① 汪文斌,胡正荣.世界电视前沿[M].北京:华艺出版社,2001:14.

② 袁靖华.电视节目模式创意[M].北京:中国广播电视出版社,2010:250.

能将创意形成完整的文字表达和策划书,进而可以获得著作权保护,节目创意中的相关元素如节目名称、标志、原创歌曲等也可以单独申请著作权保护,节目创意者还应当与投资方、合作方签订协议,通过合同法明确创意的保密性。

其次,我们应该尽快向发达国家学习,完善制播分离体制,加大对电视节目模式研发产业的扶持力度。据统计,在世界排名前一百位的电视台中,实行制播分离制度的超过 95 家,也就是说绝大部分具有权威传播影响力的电视台都采取了制播分离制度。在文化创意产业发达的英国,"电视台数目不到中国的 1/150,却拥有700 多家电视节目制作公司"①。制播分离的强大优势在于社会分工的进一步细化必然导致电视节目生产力水平的提升,电视节目的竞争也被分化到两个层面,即节目制作公司关于其节目模式和创意的竞争以及电视台层面作为节目经销商和播出方的竞争,这样的产业布局显然进一步提升了电视节目模式创意的市场化程度,具有经济学上的先进性。而从西方国家的成功实践经验中,这个规律也被证明是有效的。尽管制播分离的观念在我国电视行业中已经出现了很久,但是真正意义上大规模的制播分离并没有实现,国内上规模的电视制作公司数量也并不多。国家应该制定政策大力扶持民营影视制作机构,争取在短时间内扩大行业规模,实现电视节目模式创意产能的跨越发展。

最后,完整的电视节目模式创意体制需要加强人才制度的建设。在一切创意活动中,人总是处于核心地位,离开了人的改造世界的创造性能力,其余的产品生产环节都不能展开。遗憾的是,目前我国影视生产领域对编剧、编导的重视还不够。尤其是在电视剧领域,即使是知名作家从事编剧工作,也纷纷爆出许多个人创意或想法不被重视的不正常情况,大牌演员在现场任意篡改台词的情况十分多见。这样的情况在西方电视剧生产过程中,是不可思议的。众所周知,美剧或韩剧的编剧收入非常高,编剧在剧组中也处于核心地位,任何人都没有权利擅自更改剧本。而我国的编剧地位不高,其创意不被重视的同时,所获取的报酬也无法体现其脑力劳动的价值。在电视真人秀节目的制作中,同样也有这样的情况,参与节目的明星往往根据其知名度的大小可以获得高额的报酬,甚至一位"大腕级"明星的片酬可以占到节目总制作费用的大头。在这种付出与回报不成正比的情况下,对节目创意人员有过高的要求显然是不现实的。因此,当务之急是必须树立起重视创意,重视创意人员的意识,只有当创意能换回高额回报的时候,才能吸引人才,激发起创意人员的积极性。在这样的意识保障下,对研发人员的培训、专业研发公司的组建、建立相关大学学科培养研发人员等工作才能进一步开展。

---

① 刘敬东,张亚敏.从"制播分离"到"做内容的供应商"——中国电视产业运营的经济学分析与前景
描述[J].现代传播,2009,(6):9-12.

第四章 经典电视节目形态的个案讨论

在中国电视节目发展的不同时期,涌现过各档形态旨趣不尽相同的经典栏目。它们之中,有些因为创下了收视率奇观而成为"现象级",有些因为巨大的影响力而具有了超越电视传播领域更广泛的社会意义,有些因为富有创见而彰显了不同于其他同类节目的独特审美品格。它们的存在,不断推进着中国电视节目的制作水平迈向一座又一座成熟和进步的山峰。对这些标志性的电视栏目做个案讨论,无疑有利于我们更生动、更充实的进行中国电视节目形态的研究。

第一节 《社会记录》与《舌尖上的中国》

《社会记录》栏目以新鲜耐看的故事、真实记录的情感和主持人独特的魅力吸引了观众的视线,从中流露出的浓烈人文精神更使其从众多的新闻栏目中脱颖而出,自成风格。栏目兼顾"良知"与"审美",在中国电视新闻发展历程中具有独树一帜的意义。《舌尖上的中国》是近年来收视率和好评度都非常高的一部电视纪录片,其以富有美感的拍摄方式展示了祖国各地的美食美景,通过普通百姓的美食故事,揭示我国饮食中蕴含的博大精深的中国文化。这两档节目虽然属于不同的类别,但两者对人文精神与愉悦美感的追求是一致的。

一、公共新闻理论视野中的《社会记录》栏目

《社会记录》是中央电视台新闻频道晚间 10 点 30 分首播的新闻栏目。节目开播以来,获得了较高的收视率和观众的好评,主持人阿丘也从当初默默无闻的主持界新人成长为风格独特的著名主持人。《社会记录》栏目从平民视角出发,抒发百姓情怀,题材囊括"凡人小事,百姓民生",在表现手法上大胆借鉴纪录片、戏剧、曲艺等多种艺术形式的特长和优势,并将其有机融合,形成了新的新闻报道方式,呈现出别样的审美韵味。栏目的种种特点最终体现在其追求人文关怀这一鲜明的价值取向上。栏目制片人李伦曾经谈到他对人文精神的理解时认为,"人文精神落实到操作层面就是持有对人对社会的关心情感,进而保持被这种情感驱动的好奇心,当然还有这种情感驱动的理性思维能力"。[①] 不难发现,《社会记录》自觉形成的栏

---

① 参见本文作者对《社会记录》主创人员的采访笔录.

目定位某种程度上与上世纪 90 年代美国出现的公共新闻理论不谋而合。从"公共新闻理论"的视角中观照这档栏目更利于我们理解节目的本质及其在中国电视新闻发展历程中的意义。另外,《1860 新闻眼》一直被认为是我国电视界引入"公共新闻"理念的标杆栏目。学界普遍认为,这档栏目是对日趋走向低俗的民生新闻的提升,具有示范意义。几乎所有关于中国电视公共新闻的讨论也都围绕这一栏目展开。事实上,"公共新闻"在中国电视领域的发展不应该限于一种形态。以开播更早的《社会记录》为例,尽管栏目并未直接喊出"公共新闻"的口号,但无疑已经折射出的"公共新闻"的部分理念,对这一类栏目的关注可以为我们提供中国电视公共新闻发展的新思路。

（一）公共新闻理论及其在中国的电视实践

1988 年总统大选之后,美国社会充斥着对于政治及新闻界的批评声,投票率创下新低。民众认为竞选活动已经退化为一些空泛的口号和露骨的广告。而媒介的竞选报道只热衷于捕捉竞选活动及候选人的言论和私生活,对与公众切身利益密切相关的公共事务却缺乏深入持续的报道。这场危机引发了新闻界的反思,而反思的成果便是被认为是美国新闻学继"党派新闻学"和以寻求社会信任为特征的"现代新闻学"以来的"第三次革命性思潮"——"公共新闻"。这场主要由报纸倡导的新闻运动,旨在通过"发动公众参与、共同探讨问题、寻求解决方案"的报道方法,对贴近公民生活、关乎公民切身利益的新闻进行报道,重新唤起公民参与公共生活的热情,使媒体重新赢得公众的信任。被公认为是"公共新闻"运动学术领袖的 Jay Rosen 教授认为,"新闻记者不应该仅仅是报道新闻,新闻记者的工作还应该包含这样的一些内容:致力于提高社会公众在获得新闻信息的基础上的行动能力,关注公众之间对话和交流的质量,帮助人们积极地寻求解决问题的途径,告诉社会公众如何去应对社会问题,而不仅仅是让他们去阅读或观看这些问题"[①]。

产生于美国本土的公共新闻理论由于其显见的积极意义,也影响了美国以外一些国家的新闻观念发展。在中国,随着 2004 年蔡雯教授《"公共新闻":发展中的理论与探索中的实践——探析美国"公共新闻"及其研究》一文的发表,"公共新闻"的概念进入国人视野,并几乎同时就有了来自实践领域的呼应,这就是 2004 年 10 月在江苏卫视开播的"1860 新闻眼"栏目。它正式打出"公共新闻"的招牌:"用公众的眼睛关注国计,以人文的精神关注民生,创造公共新闻话语,搭建社会和谐的公共平台"。此前三四年时间,电视民生新闻以强调平民视角、关注民生内容、为民代言、为民服务这些与公共新闻有共通之处的姿态进入观众的视野,已经成为了

---

① 蔡雯."公共新闻":发展中的理论与探索中的实践——探析美国"公共新闻"及其研究[J].国际新闻界,2004,(1):30-34.

炙手可热的新闻节目形态。但在《1860新闻眼》播出之前，成泛滥之势的民生新闻已经逐步流露出低俗化的倾向。学界在评价《1860新闻眼》的意义时往往对其寄予厚望，也不吝赞美之词，认为"从以普通市民的视角关注老百姓的生存状态、解读市民经济生活的'民生新闻'，到为公众搭建公共话语平台、塑造公民的公共意识以及协调公共生活的'公共新闻'，这是对传统社会新闻的又一次革命，是我国新闻传播理念的又一次创新实践"[①]。诚然，《1860新闻眼》意欲对当下的民生新闻做出提升，注重社会人文关怀意识，特别是对江苏省"公推公选"活动的直播，展示了媒体与政府的良性互动，其"系列新闻模式"也契合了公共新闻提倡的对问题长期关注的理念。但是，从其常态的新闻实践来看，迎合公众、追求轰动效应、肤浅化的处理新闻素材等民生新闻的弊端并未完全消除，这不免让人遗憾，"公共新闻"的概念被热炒之后并未有实质跟进。

事实上，公共新闻理论认为公共新闻的运作是建立在较高层次上的媒介自觉行为，不仅要求媒介自身的软硬件条件高度发达，更要求有良性的媒介生态环境。毋庸讳言，当下国内的传播环境，离这样的理想状态还有一定距离。媒介改革尚未触及核心，专业素养缺失等问题，使得媒介在谋求政治要求与公民需求的平衡时显得尴尬。因此从宏观环境来看，公共新闻在当下中国的真正勃兴尚需时日，照搬美国的公共新闻理论只可能停留在形式大于内容的阶段。从现实角度出发，《社会记录》虽然没有正式提出"公共新闻"的定位，但却将"公共新闻"的核心理念渗透到每一期节目的出发点，用符合中国观众审美习惯却不媚俗的方式进行呈现，用一种温和踏实的态度推进中国公共新闻的进程，这样的努力值得关注。

（二）《社会记录》中的公共新闻意识

Rosen教授提出的"公共新闻"包括了四点基本诉求：视人民为市民、公共事务的潜在参与者，而非媒体商业的消费者或受众；帮助本地区社群针对问题而行动，而非仅仅知晓问题；改善公共讨论的环境，而非眼看着它被破坏；帮助改善公共环境，使得它值得人们关注。[②] "发现社会的准状态，努力为观众提供参与和判断的可能"，"把新闻还给新闻当事人"，"要为生活中的人做节目，不要总为准备开始生活的人做节目"等，这是节目制片人李伦在谈及栏目出发点时的表述[③]。不难发现，栏目在新闻意识上与公共新闻理论所倡导的新闻观念有着或隐或显的相似。可以说正是这种公共新闻意识的真正渗透，使得《社会记录》在新闻选材、处理视角等方面有着明显区别于其他民生新闻或社会新闻的独特性。具体而言，这种公共

---

① 周红梅."公共新闻"理念的创新实践——江苏卫视《1860新闻眼》的启示[J].新闻三昧,2005,(2)：51-53.

②③ 参见本文作者对《社会记录》主创人员的采访笔记.

新闻意识可以体现在"百姓故事"和"平民视角"两个层面。

从题材角度来看，《社会记录》的大部分注意力始终集中在"百姓故事"这一题材上。笔者对 200 期节目做了题材统计，这一类题材有 159 期，占了所有题材总量的近 80％。在《社会记录》的舞台上，有大学未读完就开始创业的清华才子；有为命运捉弄流浪街头、以拾破烂为生的城市贫民；有奔波于战火中、用摄像机记录下珍贵历史瞬间的战地摄影师；有改革中命运一波三折的国企老板，他们的不同境遇和生动曲折的生活历程，都展示出多彩人生的平凡与不凡、卑微和高大。值得注意的是，对于这些凡人小事，《社会记录》在保持其开阔视野的同时，也有着其独特的选题标准。标准的第一层次是"新"和"奇"，如《彼岸》讲述的是一名出逃两年的抢劫犯因为偶然看到报纸的排忧热线，主动与记者接触，最后在记者的帮助下自首的故事；《责责快跑》记录了一个少年从江西南昌骑自行车到达西藏布达拉宫的特殊经历。这些奇闻轶事发生在普通百姓身上，故事中的主人公就在观众中间，和电视观众一样的平凡普通，但各自却有着特殊的经历。这一层次的选题标准，除了满足新闻价值中"新鲜性"的原则，也是"公共新闻"贴近公民生活原则的体现。如果说栏目对新闻事件"新"、"奇"程度的要求是所有新闻节目的共同追求，那么体现《社会记录》公共新闻意识的是这第二层标准，也就是栏目特别注重题材在"以情动人"和"引人深思"这两方面的可挖掘性。可以说栏目在提供给观众"新、奇"的表层感受之后，更主要的目的是引发观众的参与感和介入感。

如果说对题材的独特要求是《社会记录》公共新闻意识的流露，那么以平民化视角处理这些素材则是这种意识的进一步体现。事实上，视角与选材有着密不可分的关联，《社会记录》的题材内容就是其创作人员"视角"的体现，有了某种视角，才会在浩瀚的生活海洋中发现他们认为值得报道的精华，而确定了报道内容以后，以怎样的视角来看待问题，则是节目深层策划的关键点。在央视网站一项关于《社会记录》栏目的调查问卷中，投票的 1 502 位观众中有 58.12％表示最愿意在节目中看到独特的新闻视角，列所有选项之首。在关注平民百姓、弱势群体的生活状态时，相较一般的社会新闻或民生新闻，《社会记录》更关注小人物的精神境遇。例如关于大楼清洗人的故事，节目既讲述了个人的创业美梦，又提供了全国各地洗楼人的工作背景以及几起坠楼悲剧。在讲述这些故事时，《社会记录》的关注点不在于坠楼事件本身的惊心动魄，而更着力于表现大楼清洗工的"梦想"即精神领域，也表达了栏目对这些寻梦者的殷切祝福。《社会记录》体现了对"人"的关注和尊重，其间人物性格明显。观众看过一般民生新闻以后，往往只对新闻事件留有印象，而《社会记录》镜下的人物，都展示了自己有别于他人的独特个性。在关注平民百姓和弱势群体的生活状态时，《社会记录》给予观众复合性的感受，这种感受来源于"平民化视角"这一努力遵循的基本原则，因为它意味着平等、亲切、对人的尊重。

采取"平民化视角",能充分显露出生活本真,鲜活地再现生活本来面貌。不是居高临下,也不是先入为主,而是平等的与观众一起探索未知世界,不再脱离生活,而是直接让生活本身来说话,让观众由被动的接受者变成积极的思考者。值得一提的是,作为新闻栏目,《社会记录》中也不乏对名人大事的报道。但即使是关注名人,栏目仍然从"平民化视角"出发,从而从侧面揭示鲜为人知而具备亲和感的事实。栏目在处理"名人大事"的题材时,往往从以下两个角度切入。一是普通人如何看待名人。栏目往往从普通人的视野出发,勾勒出平民百姓眼里的名人形象,评价名人大事时,也首先考虑百姓的立场。在《赖昌星还能赖多久》一期中,节目从普通人很有可能产生的疑问出发,即明明他有罪,但却为何至今仍未归案,反而可以心安理得的生活在另一个国度里呢? 顺着这个疑问,节目向观众介绍了由于各国法律间的差异客观存在,一些程序上的问题影响到了对赖昌星的逮捕,最后阿丘的一番点评代表着大部分人对这个问题的看法和期待。"你看,从赖昌星到今天的红色通缉令,我们在不断地探索和学习着,维护我们的尊严、争取我们的权利的方法,相信理智和合作的精神能够引导我们战胜贪婪和腐败,毕竟正义是我们人类共同要捍卫的理想"。二是着重表现名人身上普通平凡的一面,即他作为和全体观众一样的人的情感和境遇。在表现大事时也善于"以小见大",更注重普通人在大事里的悲欢离合。例如《37度2》反映的是"非典"时期,一对恋人之间的真实情感,从另一个侧面让观众理解了"非典"对我们的生活产生的影响是多么得巨大。《笨小孩》是追忆已故明星柯受良的一期节目,节目向观众介绍了他较为坎坷的经历,以及特技人不为人知的辛酸故事。《社会记录》对重大事件和名人生活的展现之所以不落俗套,就在于记者能从司空见惯的事物中发现独特的题材和视角,及时捕捉富有表现力的言语、行动、细节、场景,在后期编辑中精心选择,组织材料,使作品突破一事一物的局限。

公共新闻的理论基础是社会责任理论,即新闻媒体应体认自己的公共价值,强化媒体的社会公器定位,在沟通社会信息、化解社会矛盾、维护社会的稳定发展方面,发挥自身的公共功能。公共新闻试图让受众得以扮好公民的角色,善尽公民的责任,强化新闻工作者的"参与者"角色。《社会记录》选题和视角的出发点从根本而言正体现了一群有责任心的媒体人的良知。

(三)《社会记录》中的公共新闻报道手法

对"公共新闻"持否定态度的人认为,"公共新闻"事业卷入到社会生活之中,以组织者和引导者的身份出现,这严重损害了"客观报道"的本质。李良荣教授也认为,公共新闻一开始就陷入了无法解决的盲区——动摇了客观性原则。"整个新闻媒体是建立在客观性原则的基础上。客观性原则作为新闻媒体的生命线,对它的任何非议都势必引起新闻界的强烈反弹。正是这一点,于是这公共新闻学难有大的作为。"①对此,Philip Meyer 教授提出,对新闻客观性的理解需要更新,传统的新闻报道一般是强调结果的客观,而"公共新闻"则更加重视方法的客观,因为方法的客观能够带来更好的结果的客观,这已经被那些采用数据研究方法进行新闻报道的记者们所认识和接受。与西方客观调查式的新闻报道传统不同,《社会记录》对公共新闻报道手法"客观性"的理解十分独到,它将最能客观反映现实的"真实记录"手法与符合中国观众传奇情结的"戏剧故事"相结合,再加上个性鲜明的主持人阿丘,于是呈现出了个性化的表达策略。

新闻的生命在于真实,而真实性在不同报道手法中的差别却极大。生活现象、事实原貌是真实的基础,即讲究"真境"。除了真境以外,还包含"真情"和"真理"等深厚层面的真实。"境"在《社会记录》中表现为视听事态、动态、人的喜怒哀乐和各种因素构成的氛围。栏目从根本上就是运用这种具有规定纪实性的影像来传递信息、表达思想、反映生活的。栏目继承了电视纪录片的表现手法与经验,呈现出可贵的记录品格。《社会记录》中要说的理也具有主观性和客观性两个方面。客观现象都在说明某种道理,或隐或显或明或暗的理,然而产生于"境"和"情"的理又是纪录手法最佳的美学效果。《谁来成全爱》一期中,主持人阿丘先用简短的几句话交代老人寻找到自己的配偶后心理与生理上的变化,甚至举了几个事例加以说明,接着便介绍节目的主人公——张大爷、华大妈,由于二人老来丧偶,又性格、脾气相投,准备再成家,但双方的儿子都有自己认为合理的理由:张大爷的儿子认为父亲应该等母亲三年孝满后再考虑,况且华大妈有白内障,弄不好又给自己添负担;华大妈儿子则认为,自家楼上楼下找老伴儿的结果都不好,担心母亲会吃亏。顺着阿丘的讲述,人物的性格、命运都已为观众所掌握,尽管老人继续来往,儿子仍然反对,但观众对结局也能猜到个八九不离十。阿丘在节目的结尾公布了有关老人再婚情况的调查数据,又使节目上升到一个完整和趋于理性的高度。

纪录手法在还原现实生活这一点,有着其他拍摄手法无法比拟的优点,但如果在 20 分钟的栏目时长内,过分依赖纪录手段,便往往让人感觉冗长乏味,尤其是在晚间 10 点 05 的时候,要想打消人们的睡意,仅仅依靠记录手段是不够的。《社会记录》很好地解决了这一问题,将戏剧元素与纪录手法巧妙地结合在一起,给观众讲述了一个个真实而又精彩跌宕的故事。《社会记录》对"故事性"的强调首先体现在结构方式的戏剧化。《社会纪录》的结构方式较之于其他新闻专题节目而言显得非常丰富。节目惯用的有以下几种结构:1. 单线式,话题式,开放性,封闭性。并且几乎每一期都注重悬念的设置,讲究"起、承、转、合"。《社会记录》是封闭性叙事和敞开性叙事并用,有的节目往往把事件完整地交代给观众,采用的是封闭性的叙

① 李良荣.西方新闻事业概论[M].第 3 版.上海:复旦大学出版社,2006:164.

事结构,而另外的敞开性叙事节目中观众不再只是被动的接受者,也同时是事件的交流者,作品的结构与结尾不是编导给定的,而由观众自己去补充、发展、解答,这样就与观众达成了心灵的沟通。除了运用戏剧的结构形式,《社会记录》的语言较之其他新闻节目而言也极具特色,主持人的串联、评点自然亲切,让人喜闻乐见。一些话语看似信手拈来,不费力气,实际却是锐意磨砺的结果。这些评点在很大程度上接续了中国叙述文学的传统,从《史记》的"太史公曰"到"三言二拍"的首尾评说,再到《聊斋志异》的"异史氏曰",都与这组节目在总体形貌和根本精神上一脉相承。但将文字载体转化为影像媒介,更能够明白晓畅,发人深省。2. 多"问句":一般来说,每一期《社会记录》中都有五个以上的问句,有些问句恰恰是设置悬念、承上启下的关键句点。下面是《牢笼》中的一些富有代表意义的问句:"在今天的故事开始之前,先给您看一个地方。铁门,铁窗,铁笼,铁锁,铁链,冷森森让人觉得可怕! 铁门的下面,留有一个小小的口,那是往里送饭、往外端大小便的地方。如果把一个人关在这里边,和关进监狱有什么区别?""儿子郑光远的这根手指曾经被生生的剁下来过,剁下它的,也正是郑光远自己。为什么? 犯毒瘾了,难受,受罪?"光看这些问句,就已经勾起了人们的收视欲望,吊足了胃口,这样的经常用在"说书"中的问句形式配上主持人阿丘的特殊风格,实在是栏目在叙述语言上的亮点之一。3. 多感叹:传统的新闻节目忌讳将记者的主观感情流露在报道中,新闻与抒情似乎是毫无关联的。然而在《社会记录》中我们经常能听到主持人对一些事情发出感叹,这样的感叹更富有人情味,因为其用"平民化视角"平视生活,这样的感叹通常都不失偏颇,反而更容易引起观众的共鸣,拉近观众和栏目的距离。《社会记录》除了在结构上和语言上吸取戏剧形式的精华,还在其他一些细致入微的环节,对戏剧元素进行巧妙的借鉴。首先是道具的运用。有观众说阿丘像个"说书人",阿丘面前的桌子也像"说书人"的桌子,有时根据节目需要,这张桌子上会摆放上一些小道具,以增添情趣。在《玫瑰玫瑰我爱你》这一期关于情人节话题的节目中,阿丘在最后突然拿出一束玫瑰花,幽默地说自己也要去约会了。试想干巴巴地讨论了一晚上的情人节和玫瑰,但少了最后那束玫瑰道具的点缀,节目一定会失色许多。其次,在画面上附载历史资料、图表、模型、示意图和古诗词等形式,也使现场信息更具有理性的概括和知识的补充。再次,节目在情绪需要的时候经常使用音乐、音响。应该说在新闻节目中运用音乐元素也不是常见的做法,但细细分析,使用音乐并不违背新闻的真实性及其他重要原则,相反却是对新闻业务的新的尝试,在适当的时候加上音乐,更加能够引起观众的共鸣,给人更为丰富的审美感受。《生活在别处》讲述的是一对在网恋中迷失自我,不得不分道扬镳的夫妻的故事。在结尾处,其运用了丈夫亲自演唱的一首妻子最爱听的歌,在这样的旋律中结束全片更富有韵味。

主持人是电视节目与观众之间的桥梁,是电视还原人际传播的重要途径。因此主持人水平如何常常直接影响到观众对节目的接受程度。在央视网站《社会记录》的观众调查中,1 453位观众中有78.32%认为"主持人阿丘很棒"。事实上,阿丘是《社会记录》的一大亮点,阿丘的主持风格是栏目风格的有机组成部分。阿丘作为一个新闻事件的讲述者,最大的任务就是将故事讲好,因此"说书人"的风格定位由此而生。"阿丘腔""阿丘样"给人以眼前一亮的感觉,如果用一个词来概括他的独特魅力,那就是"亲和力"。阿丘在节目主持中的亲切平和、幽默风趣,有效地融洽了受众与栏目的关系,使受众在心理上与主持人形成老友般的默契,从而成为该栏目的忠实观众。主持人在言谈举止中体现出来的亲和力、智慧、个性与风格,成为向观众传递信息的最佳桥梁。其实大部分时候,阿丘的看法与他的喜怒哀乐就是我们常人的看法和喜怒哀乐,许多的思绪与情愫压在心里,被他这么一说,倒有"吐之而后快"的感觉,所以有时候看《社会记录》不免有"借他人酒杯,浇心中块垒"之感。

阿丘的出现向人们展示了社会新闻节目还可以这样做,可以这样陪着观众一起去关注,和观众一起去思考,一起去发掘事件的发展,一起得出结论,再不是用自己的思考和意识去指挥观众,用自己的"想当然"给节目定论,不是再一次地感叹社会的忧亡、人间的不公,而是客观理性地去对待,真诚踏实地去了解。

回顾西方近一个多世纪来新闻传播理论发展的历史,我们不难发现,19世纪90年代出现的"公共新闻"理论及其新闻实践是美国新闻界对"社会责任理论"进行反思和纠正的一种表现,这种思考不仅仅局限于理论层面,美国大众媒介一系列实验性的新闻传播活动,目的在于探索媒介在公众生活中扮演新角色的可能性和实际效果。这种探索在世界范围内得到关注,《社会记录》可以看做是我国电视界的参与这种探索的一种方式。

二、电视纪录片《舌尖上的中国》的成功之道

19世纪80年代及90年代初,在全社会形成的浓厚文化氛围的影响下,我国的电视纪录片曾经经历了发展的高潮期,"话说系列"的成功,及之后《望长城》的突破和创新不仅在我国电视纪录片发展史上留下重要印记,也引发了更广泛的文化学上的关注。此后,随着我国电视产业化进程的推进,纪录片这种远离喧嚣和商业的艺术逐渐沦为电视荧屏上的边缘化形式。九十年代之后的很多电视纪录片虽然在艺术表达上各具特色,也获得了国内外很多艺术奖项,但在传播影响力和推向市场的过程中几乎都难逃遇冷的境遇。中国电视纪录片园地的沉寂随着2012年《舌尖上的中国Ⅰ》(以下简称《舌尖Ⅰ》)的走红而被打破。按照惯例,纪录片一般不会被安排在黄金时间段播出,而这部在深夜播出的纪录片在几集之后骤然成为"网红",

引得很多观众特意熬夜收看。《舌尖Ⅰ》造成轰动后,制作方趁热打铁在 2014 年接着推出《舌尖上的中国Ⅱ》(以下简称《舌尖Ⅱ》)。"《舌尖Ⅰ》被认为是继《话说长江》之后中国收视率最高的纪录片,在开播后的半个月内网络点击量已近 2 000 万次。两年后的《舌尖Ⅱ》投资高达 3 000 万,比《舌尖Ⅰ》高出 30%"①。在电视文化节目普遍不景气的背景下,这部纪录片缘何能够获得口碑与盈利的双重巨大收获,值得我们分析。

(一)以"美食"为载体展示百姓情感与中国文化

"美食"是可以唤起全人类共同兴趣的话题。外国人来到中国,最吸引他们的首先是全国各地品种繁多,应接不暇的中华美食。因此,《舌尖上的中国》(以下简称《舌尖》)的题材,已然具备了天然的话题性和可看性。然而我国的美食纪录片数量繁多,能获得像《舌尖上的中国》这样轰动效果的却屈指可数。可见,并不是仅有得天独厚的题材优势就能成就一部优秀的作品。

首先,《舌尖》在展示美食题材时,以普通百姓的平凡故事为切入点,以食物为载体,传递了朴素而又真切的情感。这部纪录片的主角并不是知名厨师或专业的美食家,片中所有的美食故事都围绕普通人展开。这些普通民众有的是食材的收集者,有的是美食的烹饪者,他们通过辛勤的劳动,或为自己和家人带来享用美食的快乐,或以此谋生创造财富。拍摄者通过镜头展示了中国普通百姓借由美食对美好生活的憧憬,展示了不同地域、民族的不同性格的人们的故事,展示了人对自然的敬畏之情,人对故土的怀恋之情,人对亲朋的爱护之情等等一切美好的情感。在《自然的馈赠》这一集中,生活在香格里拉的卓玛母女不辞辛苦的在森林里采摘松茸,然后紧锣密鼓的经过长途跋涉赶往市场售卖。由于松茸的保鲜期很短,稍微耽搁便会影响售价,在市场里,卓玛心急如焚的真实表情使观众在了解松茸这种食材独特性的同时更为山村母女最朴素也最真实的生活状态动容。

其次,《舌尖》中的美食不仅承载着情感传递的功能,还是中华文化的传播使者。值得一提的是,作品在传播博大精深中华文化时总能找到最细腻的载体。"将宏大命题微观化是本片的一大特色,7 集系列片呈现了诸多的美食以及由美食生发出的故事,这些素材不是杂乱无章的,将他们串联起来的是人与食物、人与自然和人与人的关系主题,而这个主题的展现不是靠空洞的说教来完成的。"②同样在卓玛母女的故事中,片子有一段解说词这样写道:"松茸出土后,卓玛立刻用地上的松针把菌坑掩盖好,只有这样菌丝才可以不被破坏,为了延续自然的馈赠,藏民们

① 陈婷.镜头里的中国人——从《话说长江》到《舌尖上的中国》[J].新闻大学,2016,(1):112-121.

② 周世林.舌尖上的中国:满足的不仅仅是舌尖——兼析《舌尖上的中国》传播的成功之道[J].新闻与写作,2012,(10):40-43.

小心翼翼地遵守着山里的规矩。"在这一段具体而又细腻可感的情节背后,寄予了创作者对环保主题的传达,也展示了藏民对自然的热爱与崇敬。"民以食为天"饮食背后蕴藏着丰富的生存哲学与民族文化,《舌尖》巧妙的通过诱人的美食和动人的故事潜移默化地进行着本土文化的传播。"创作者们巧妙的用美食来代言中国的文化,用普通老百姓的讲述来融合烹饪学、民俗学、文化学、历史学、植物学等等多种知识,借以提高受众的文化认知力、选择力和感染力。"①

国家"软实力"问题是近年来国际传播中的热门话题。《舌尖上的中国》虽然不是国家形象的宣传片,但却在事实上打开了中华文化海外传播的一扇窗口。在2010年夏纳电影节上,这部电视纪录片受到了广泛关注,许多国家的电视台已经产生了明确的购买意向。《舌尖上的中国》的创作者以中华美食为媒介,巧妙的借助百姓和食物之间的故事,以传播国家主流文化为根本出发点,展示了我国民众积极、智慧的生活态度,勤劳、朴素的传统美德,彰显了中华五千年的优秀文明。当下,世界纪录片的主流形态几乎被 BBC 和 DISCOVERY 包揽,我国独立拍摄的《舌尖上的中国》却走出了具有民族性的特色之路,值得其他电视节目创作者思考和学习。

(二)"故事"与"美感"——愉悦的视听感受

除了传播内核的成功,《舌尖》在表达方式上也自成风格,贴近时代,符合当下中国观众的审美习惯和欣赏偏好。一般电视观众对纪录片的印象往往是严肃有余,可看性和趣味性不足。央视此前拍摄的一些纪录大片如《故宫》、《大国崛起》等,虽然在拍摄手法和思想性上都富有创见,但在普通电视观众中的知名度和传播影响力并不大。《舌尖》在表达策略上紧扣时代脉搏,借鉴了故事片的叙事手法,又以精耕细作的方式打磨每一幅画面,追求画面的质感和美感,为观众奉上真正意义上的视觉大餐。

尽管表现对象是美食,但《舌尖》重视"故事"与"情节"的设置,通过张弛有度的讲述紧扣观众的注意点和心弦。《舌尖Ⅰ》的每一个分集,一般会设置 5 到 8 个情节段落,每个故事不超过 8 分钟,符合观众观看纪录片时对情节的一般审美习惯,这些故事有的是交叉式的讲述,有的是首尾呼应。选取的故事段落也极具典型性,如过年时宁宁外婆在做年糕时对宁宁未来的期待;挖藕兄弟圣武、茂荣对藕的独特情结;濒临失传的高跷捕鱼人对古老捕鱼方式的敬畏和自豪等一些富有意味的故事令观众记忆深刻。而《舌尖Ⅱ》更是将"故事"作为展示美食的主要途径,情节化的倾向更为明显。

一般而言,与故事电影紧凑的节奏感相比,纪录片往往显得较为平淡。而实际

---

① 张怀兵.纪录片《舌尖上的中国Ⅰ》的艺术表现手法和审美特征研究[D].济南:山东师范大学,2015:14.

上,世界纪录电影之父弗拉哈迪在拍摄《北方的那努克》时,便十分注重叙事的张力,善于通过"悬念"手法增加影片的可看性,被称为"弗拉哈迪式的期待"。在《舌尖》中,"悬念"手法的使用也十分普遍。在《自然的馈赠》这一集中,卓玛母女第一天历经辛苦采摘到的松茸并没有在市场卖到令人满意的价钱,第二天凌晨,这对母女又一次要重复辛苦采摘和长途跋涉的劳作,她们这次能否满意而归? 林红旗船长的捕捞队前两次出海均一无所获,他们的第三次撒网结果会如何? 这些人物的生活牵引着观众的关注,促使作品始终保持神秘感,在片中人物和观众之间形成张力和黏性。

此外,作品还十分注重细节的安排。优秀的文艺作品之所以能打动人心凭借的不是大道理的说教,而是小细节的感染力。《舌尖》善于细节捕捉,生动的细节对塑造人物性格,表达作品主题产生了四两拨千斤的神奇效果。如在《自然的馈赠》中,在讲述诺阿的火腿制作工序时,镜头捕捉到了黄师傅捡起洒落在地上的盐这一动作细节,生动地表现了普通百姓对食物的爱惜,充满人情味地展现了中国百姓勤俭持家的优良道德传统。

在视听风格方面,作品给观众留下最深刻印象的就是赏心悦目,充满美感的画面配上清新凝练的解说词,给观众奉上了真正意义上的视听盛宴。《舌尖》的画面风格采写实与写意之长,既真实地展示了食物的生长环境、人们的生活环境,又能通过独特的构图、色彩的处理营造出别具美感的写意意境。在《主食的故事》这一集中,陕北主食的拍摄整体呈现出偏暖黄的色调,黄色是土地和丰收的色彩,也是中原北方文化中非常重要的一种色彩,通过大量黄色的使用流露出中华文明古老绵延的气质神韵;而在表现南方主食时,纪录片主要选择清爽、明快的绿色和白色色调,给人一种心旷神怡的感觉,十分符合江南水乡的地理特征,通过米饭、年糕、小笼包等食物的晶莹剔透表现江南鱼米之乡的秀美气质。

在声音的处理上,《舌尖》保留了大量的同期声,每一集中煎、炒、炸,切菜、洗菜等各种烹饪场景都尽可能使用同期声,充满现场感和真实感的同时也以悦耳的声音刺激观众的感官,使观众对食物充满期待。《舌尖》中的解说词也富有哲理性,呈现出"形散神不散"的散文式风格。"解说词基本摆脱画面的束缚,透过现实生活的表象,跳出美食的地域,进而去揭示寻常百姓日常生活中所富含的哲理,抑或抒发出一种艺术的人文关怀。"[1]在音乐方面,《舌尖》能针对不同的场景选择不同风格的背景音乐,时而悠扬动听,时而喜庆热闹,将语言和画面无法表达出的意蕴通过音乐淋漓尽致地展示出来,使作品在叙事的同时兼具了抒情的美感,为作品增添了

---

① 张怀兵.纪录片《舌尖上的中国Ⅰ》的艺术表现手法和审美特征研究[D].济南:山东师范大学,2015:36.

一份独有的情怀。

（三）"商业化"与"网络化"的传播之道

除了内容的品质保证，《舌尖》在商业经营和宣传方面的创新思维也值得我们关注。一般来说，纪录片是"叫好不叫座"的高雅艺术，但 DISCOVERY、国家地理频道以及 BBC 纪录片品牌成功的经营业绩证明优质的内容加上成熟的产业运作完全可以使纪录片盈利成为可能。

《舌尖》在创作之初，便有着清晰的定位和策划，即这部电视纪录片绝非小众传播的精英艺术，而应成为重塑央视纪录片品牌的具有广泛影响力的大众化作品。从节目预算方面，节目走的便是高品质精品之路。《舌尖Ⅰ》的拍摄经费在纪录片中已经算得上是大制作，后续的《舌尖Ⅱ》投资更高。尽管高投入并不等于高质量，但必要的经费保障确实是一部电视纪录片成功的必要因素，想要为观众奉上唯美的画面和动人的场景，高科技的拍摄手段和一定数量的成片比是必需的。事实证明，优质的画面和独特的视角确实捕获了观众的心，《舌尖》的收视率甚至超过了同期播出的电视剧收视率，这种现象在近些年我国电视纪录片领域是绝无仅有的。

在央视的电视纪录片创作史上，曾经涌现过《话说长江》、《望长城》、《邓小平》、《故宫》等优秀的作品，然而这些成功的作品不具备模仿意义，其成功的经验也不可复制。从这个角度来说，《舌尖》系列的成功有着非同寻常的意义，它是央视纪录频道品牌意识唤醒的一个标志。在《舌尖Ⅰ》成功后迅速推出了《舌尖Ⅱ》，目前《舌尖Ⅲ》也正在孕育过程中。因为这部作品的成功，2012 年被认为是"中国纪录片品牌元年"，纪录片品牌在市场和国际传播中都具有非凡的价值。

《舌尖》在品牌推广和经营方面的不少做法都富有时代感，善于通过新媒体进行品牌宣传，培育自己的粉丝，取得了良好的效果。《舌尖Ⅰ》与爱奇艺签订了网络独家播放权，据 CNTV 网站统计，在节目播出后的两个月内，通过网络和手机观看《舌尖Ⅰ》的观众占所有观众人数的三分之二，在新浪微博实时热词排行榜上，节目也在相当长时间内占得鳌头，通过微博传播，为影片吸引了更多的粉丝。后续推出的《舌尖Ⅱ》，因为有了《舌尖Ⅰ》的成功经验，其在新媒体运作方面亮点更多。"在2014 年 4 月 17 日当晚，其百度搜索量就已逾 10 万。《舌尖》系列纪录片总导演陈晓卿的新浪微博粉丝数已近百万，由他发出的'舌尖微博'更是成为粉丝们竞相转发的热点新闻，配合着《舌尖Ⅱ》的周播模式，意见领袖与网络平民共同围观着这场'舌尖'盛宴。"[1]在纪录片播出后的几天，《舌尖Ⅱ》就登上了微博话题热榜，网民们还模仿其解说词，创作了"舌尖体"，通过轻松幽默的方式将这部纪录片与民众的日

---

① 汤天甜，王梦笛.基于全媒体整合传播下的中国文化软外交与国家形象构建——以中央电视台美食纪录片《舌尖上的中国 2》为例[J]. 出版广角,2015,(3):82-85.

常生活紧密融合,也使得品牌的影响力得到持续的发散和作用。

在后续产品开发和形成完整产业链方面,《舌尖》也做了有益的尝试。在《舌尖Ⅰ》播出后不久,光明日报出版社就出版发行了同名图书《舌尖上的中国》,书籍以图片和文字相结合的方式对整部纪录片的主要内容作了呈现,还补充了与食物背景相关的知识和资料,并为广大美食爱好者绘制了便于寻访美食的地图。

第二节 《南京零距离》与《非诚勿扰》

2002 年,以《南京零距离》为代表,我国的电视荧屏刮起了"民生新闻"的旋风。《南京零距离》大获成功的重要原因之一便是主持人孟非的独特主持风格给观众留下了十分深刻的印象。孟非的光头形象极具辨识度,与以往的新闻节目主持人端庄严肃的外在形象有很大的反差。更重要的是,他语言幽默,气质亲和,观点犀利,这些特质都使他具有了不同于一般新闻节目主持人的独特魅力。8 年之后,2010年江苏卫视推出了相亲栏目《非诚勿扰》,并迅速占据了全国同时段综艺节目收视率第一的宝座。作为主持人的孟非,从《南京零距离》省内播出的平台被推向卫视全国播出的平台,他的知名度迅速上升,其幽默亲和的气质同样成为观众收看这档栏目的重要理由。尽管《南京零距离》和《非诚勿扰》是完全不同的节目类型,但这两档栏目由同一位主持人担任主持,并且主持人个人气质与两档节目的风格契合度都很高,其中的原因除了孟非个人深厚的主持功力外,更在于两档栏目深层制作观念的一致性。对这两档栏目进行个案研究,有助于我们深刻理解 2000 年之后我国电视传播观念的变革。

一、《南京零距离》:创新中国电视新闻新模式

新千年之初,代表中国电视新闻最高制作水平的央视,已经将《东方时空》从2.5 小时的节目时长缩减为 40 分钟。中国新闻节目经过 90 年代开始的迅速发展,虽然已经形成了各个类别和风格的较为完备和成熟的制作体系,但从新闻节目的创新和拓展方面看,似乎已经进入了瓶颈期。

2002 年,江苏城市频道在晚间 6 点 50 到 7 点 50 档推出了长度达 1 小时的新闻栏目《南京零距离》。这样的时长和播出时间在当时全国的新闻栏目中显得十分特殊,很容易让人产生一些疑惑。首先,地方台一个小时的新闻节目观众会有耐心看完吗? 其次,这个时间与央视《新闻联播》的播出时段有重合,地方台的新闻制作水平能有这样的底气与传统收视赢家《新闻联播》一争高下吗? 然而,随着节目的开播,这些疑惑的答案逐渐明晰。这档受众面仅限于江苏全省范围的地方台新闻节目不仅收获了高收视率,使一位光头主持人家喻户晓,更为重要

的是,它的示范效应不仅使得南京地区的地方新闻栏目在一夜之间遍地开花,更掀起了全国范围内的电视民生新闻热潮。在此之前,新闻节目被各个电视台认为是"必要的痛苦",即认为新闻节目作为树立媒体形象,引导社会舆论的重要节目类型必须存在,但它同时是不能为电视台带来经济收益的,只花钱不挣钱。而《南京零距离》的成功改变了学界和业界人士的思维定势,以鲜活的案例证明了新闻也可以盈利。

（一）核心价值——关注民生与立足本土

长期以来,我国电视新闻以宏观视角为主,政治新闻占据新闻传播的最主要地位,大题材、大人物、大事件是电视新闻的主角。不仅央视平台的新闻有这些特质,而且地方新闻也基本是《新闻联播》的地方版,制作理念一脉相承。《南京零距离》的主创人员在策划这档新闻节目之时,已有明确的定位,要追求一种"新"的电视新闻模式。于是我们看到这档节目在题材选择上,以贴近市民的"小"事居多,主要的新闻人物也不是领导、明星,而是我们身边既平凡又独特的每一个普通生命。这档扎根南京的栏目,也更多的将镜头对准南京或江苏境内的新鲜事,展示每个观众脚下的这一方水土的风土人情。这类更具贴近性的新闻题材满足了观众想了解身边事、身边人的需求,是对新闻"接近性"原则的真正回应,也因此得到了观众的认同。

除了题材的倾向性,更重要的是栏目在处理新闻素材时的角度与立场。事实上,在《南京零距离》的新闻题材中,并不只有惯例中社会新闻常见的凡人琐事,也有很多"大"题材和"大"策划。如在南京解放53周年纪念时,栏目动用飞艇完成了江苏电视史上第一次空中电视直播,制作了《空中看南京》特别节;2003年春节则播出了16集系列片《四海情牵——天南海北南京人》,这也是当时江苏电视史上规模最大的巡回世界采访。难能可贵的是,在处理这些"大"题材时,栏目也能找到最生动的切入点,那就是对新闻大事件中的小个体的展示。著名记者范长江对新闻的理解是"广大群众欲知、未知、应知的事实的报道"。这种理解的关键词在于"广大群众",可见,新闻应当以满足人民群众对信息的需求为追求目标。《南京零距离》开创的民生新闻报道观念,其实正是对新闻价值最基本含义的准确诠释。

《南京零距离》的价值不仅体现在对百姓生活状态最真实的展示,报道普通群众最关心、联系最密切的新闻事件,更可贵的是它改变了以往电视新闻或多或少居高临下的教化姿态。"用一种平民化的眼光来看待我们的生活,来找寻我们生活中的种种状态,并以一个平民的心态来体味每一位报道对象的心灵细节。"①

---

① 景志刚.我们改变了什么?——《南京零距离》及其民生新闻[J].视听界,2004,(1):8-10.

（二）传播方式——开放创新与品牌构建

《南京零距离》的"新"，不仅体现在其价值观和传播内容的创新上，还反映在传播方式的创新上。从最微观的角度来说，栏目在播出时长上的选择，便是一次勇敢的尝试。在《南京零距离》之前，一般社会新闻、生活资讯类的节目时长在 20 分钟左右，最长也不超过 30 分钟。而《南京零距离》有意识地采用 60 分钟的直播形态，不仅是对节目形式的确认，更体现出开放、交流、真实、灵活等理念层面的追求。栏目的主要策划者景志刚认为，"这个 60 分钟做成一个开放的直播空间，而不仅仅是串联意义上的直播：一方面直播过程中发生的事件都能直接进入节目；另一方面通过电话连线、现场接受观众投诉来构成我们和观众的互动，形成一个空间的开放"①。景志刚所说的"开放的直播空间"，从根本上来说真正意义上实现了节目与观众"零距离"交流的理念，而从具体做法来看，至少包含了下列内容：

首先，栏目的编排方式更为灵活，突破了以往新闻节目的版块设置，实现了真正意义上随时插播重要新闻、实时新闻的直播。版块化的新闻虽然条目清楚，能让观众各取所需，但其弊端也十分明显，即观众在熟悉版块具体时间安排的情况下，往往直奔主题只收看自己感兴趣的部分。而《南京零距离》的新闻编排没有明确的规律，观众永远不知道下一条新闻是什么，这种新鲜感是促使观众完整收看整档栏目，保持高收视率的重要原因之一。

其次，节目设置了观众调查的环节。在每期节目开始，会发布一个与市民生活休戚相关的重要议题，在节目播出过程中，观众可以随时拨打热线电话参与这个议题的投票和讨论，节目实时公布议题正反两种观点的投票数，在节目最后，观众可以看到正反方观点的具体票数对比。这种做法很好地吸引了观众对节目的参与和关注，在互联网思维还没有真正普及的 21 世纪初，《南京零距离》的这种做法无疑是超前的，它为民意的表达提供了合理的机会，体现了对民意的尊重，也有效地聚拢了人气，吸引了观众，维持了高收视率。

再次，节目的主持环节也体现了真正的直播思维。一般的新闻节目主持都会依靠提词器来保障主持人语言的准确。而《南京零距离》的主持人孟非手头只有一个串联单，他的语言体现了思维的灵活、生动，充满人情味，是真正意义上的"说"而非"播"。节目策划者认为只有在直播的环境和压力下，才能体现主持人的个性，激发主持人最真实、最生动的表现。因此，呈现给观众的并不是以往新闻主播对播音稿严丝合缝的播读，而是那个有时会有口误，有时会有停顿，但却最真实、"说人话"，与观众"零距离"交流的光头。

---

① 李幸,景志刚.打造中国电视新闻新模式——关于《南京零距离》的谈话[J].现代传播,2003,(2):60-62.

此外,栏目十分注重品牌形象的塑造,成功实现了一档栏目盘活一个频道的经营模式。《南京零距离》的品牌意识贯穿在栏目运作的全过程。在栏目正式开播之前,其已经在南京的一些大型社区悬挂印有"南京零距离　就在你身边"等栏目宣传语的横幅,吸引了广大市民的注意,节目尚未开播,名声却已经被传播开了。一档新闻栏目有如此强烈的广告意识,这在当时是较为先进的。在节目正式开播后,栏目广告的形式和平台更为丰富,在街头发放节目单、利用市民出行最常使用的公交车等交通工具刊登广告,以及网络、广播等其他媒体的广告等。在节目开播100天、2周年纪念日,全国"十运会"等重要时间节点,栏目都会举行系列活动,租用飞艇打出栏目名称和标识在南京上空盘旋,并制作了大型特别节目《空中看南京》。除了这些特殊时间节点的大型活动,栏目几乎每个月都会推出常规性的与市民互动活动,这些活动强化了栏目贴近民众、心系民生的品牌形象,在密切栏目与群众联系的同时,群众反映的情况,也成为栏目信息来源的重要渠道之一。

原江苏二台改版后组建江苏城市频道,长期以来,江苏二台的频道定位模糊,自办栏目能力较差,收视状况不佳。改版后虽然冠以"城市"二字,也有一些新节目开播,但总体而言在《南京零距离》播出之前,这个频道在南京市民及江苏全省范围内的影响力并不大。《南京零距离》的栏目定位是城市频道整体定位的典型代表,在其获得成功之后,整个城市频道在节目策划上更为鲜明地体现了"本土"、"民生"、"都市"这样的关键词,在品牌栏目的带动下,整个频道的经营状况也有了较大的好转。

（三）主持风格——民生气质与人际传播

《南京零距离》的成功离不开主持人孟非的人格魅力,同样,孟非的家喻户晓也离不开《南京零距离》提供的平台。可以说,正是主持人个人气质与栏目风格的完美契合筑成了这档新闻节目收视率反超电视剧以及综艺节目的收视神话。

在《南京零距离》火爆之后,全国电视台的民生新闻栏目如雨后春笋一般纷纷开播,仅在南京一地就有《标点》等5档民生新闻栏目迅速跟进。这些栏目虽然也取得了不错的收视成绩,但从影响力上来看,能与《南京零距离》比肩的几乎没有。究其原因,主持人个人魅力的不可复制性是十分重要的一点。相比之下,民生新闻的传播理念,栏目的具体风格等都是较易模仿和学习的,唯有"孟非"这个人的人格魅力是无法简单复制的。

从传统意义上来说,孟非的形象和普通话水平都与正儿八经的新闻主播相差甚远。他当过印刷厂的工人,开过小店,当过记者,这些经历以及成长背景使他在看待问题时自然地站在平民立场,加上他机敏的反应力和幽默的语言表达,使观众在收看节目时把关注点放在了他说了什么,而不是他的普通话是否字正腔圆。栏目能够大胆启用这样一位"非主流"的主持人,体现了节目策划者创新的新闻传播

理念和敏感的市场嗅觉。总结而言,孟非的主持魅力主要体现在以下方面:

首先,他的言论体现了民生立场与人文关怀。《南京零距离》的成功并不仅仅在于其播出的内容与民众生活紧密相关,更体现在处理这些题材时的民生视角,而主持人言论则是这种立场的直接体现。节目中曾多次报道过与"养狗"有关的新闻,当一些新闻反映部分市民饲养宠物时损害公共利益,妨碍他人,孟非会对此提出严厉批评。而当另一条新闻反映了一位市民因为怕自家狗的叫声扰民,将狗的声带割除时,孟非则在评论中表达了对弱势群体乃至动物的悲悯。孟非的民生立场既充满了人情味,同时也不失理性,他用最朴实、最生动的语言传播了正确的"三观",这是其主持魅力的核心所在。

其次,孟非的形象与语言表达自然、有趣,被观众认为是"南京人的儿子",充分还原了人际传播的方式,以人格魅力吸引观众。在所有的传播方式中,人际传播是最有效的方式,受者与传者面对面的交流,最有利于信息的传递,受者也能及时向传者反馈。而电视传播是具有距离感的传播方式,传者与受者并不直接接触,因此如何在电视传播中尽可能的还原人际传播方式成为电视节目共同的追求。长期以来,我国新闻节目主持人都以严肃、庄重的面貌出现在观众面前,使得新闻节目与普通民众的距离更加扩大。孟非的形象与《南京零距离》的定位十分符合,他的长相并不如一般新闻节目主持人那么端正,甚至是非主流的"光头",他的普通话并不十分标准,甚至有时还会冒出一两句南京方言。由于节目是直播方式,孟非没有可以照本宣科的新闻稿,只有简单的串联提示,因此,其在节目中表现出的是灵动、自然、朴素的表达方式,是一个普通人的"本色出演",甚至有时还会有口误和不连贯。但正是这种最真实的状态打动了观众,增加了观众对栏目的亲切感和认同感。

《南京零距离》的影响力为许多学者所承认和肯定,李幸认为"自 1993 年以来,中国电视有过三次革命,第一次以《东方时空》为始倡者,第二次以湖南的《幸运3721》以及《快乐大本营》为标志,第三次则肇始于江苏,以《南京零距离》为代表"①。栏目以鲜明的民生视角,个性化的主持人以及清晰明确的品牌意识成为我国电视民生新闻节目的标杆。

二、从《非诚勿扰》看中国电视相亲栏目的发展

在国外,电视相亲节目已经发展了四五十年。美国的《男才女貌》、日本的《恋爱巴士》、韩国的《情书》等都是此类节目中较有影响力的。在中国,从 1988 年山西电视台的《电视红娘》到 1998 年湖南卫视的《玫瑰之约》,再到 2010 年江苏卫视的《非诚勿扰》,在此二十余年里,中国电视相亲节目在国家经济的大发展,社会思潮

---

① 李幸.《南京零距离》与中国电视的三次革命[J]. 中国广告,2004,(3):73-74.

的大变迁以及媒体功能和电视人观念的不断变化中经历了三个发展阶段,使节目的形式内容不断丰富创新,节目的实质则从原先的服务大众发展为如今的娱乐大众。

（一）中国电视相亲栏目的发展历程

1988年,山西电视台开办了一档节目《电视红娘》,它是我国电视相亲节目的鼻祖。然而当时国家的政策体制和整体的社会思潮都直接制约着《电视红娘》的发展。在《电视红娘》两三个月的宣传期中根本无人问津,传统的婚恋价值观使人们无法开放到将自己的婚姻大事通过电视荧屏公告于天下。80年代的电视相亲节目完全履行电视相亲的职责,节目的本质是百分百服务于大众,形式相对单一。

1997年,香港凤凰卫视《非常男女》以超前的娱乐化攻势和对爱情两性深度的探讨,让内地观众第一次见识到爱情和婚姻大事还可以用如此直接且充满趣味的方式进行。在强烈的新鲜感的刺激下,1998年,上海卫视《相约星期六》率先崭露头角,随后相亲节目第二波高潮的代表《玫瑰之约》也适时而生。粗略统计,国内省级电视台先后开过30多档婚恋节目。这一时期,电视相亲以一种集谈话与娱乐为一体、娱乐与服务相互兼容的新型节目形式出现在荧屏上。这种繁荣得益于社会思潮的解放,中国老百姓原先内敛、含蓄的情感表达方式已经开始释放,接受新鲜事物的能力也大大提高。

2009年底,湖南卫视引进英国Fremantle Media公司《take me out》的节目模式,将全新打造的电视相亲节目《我们约会吧》搬上荧屏;之后,江苏卫视2010年1月以三期连续播出的形式高调推出《非诚勿扰》。此阶段电视相亲节目不论在收视率还是在节目数量上都是以往无法相比的。在收视率、市场效益的诱惑下,全国各省市甚至县级电视台都竞相模仿。此时的电视媒介已经把节目的娱乐性奉为至高,一切以收视率为中心。

（二）中国电视相亲栏目的发展特点

通过对中国电视相亲节目20余年发展历程的梳理,我们发现其发展趋势呈现出如下特点:

第一,节目的娱乐性逐步显现。电视相亲栏目娱乐性的逐步加强源于电视媒体自身的娱乐功能。"电视媒体最主要的三个功能就是娱乐、信息传播和服务功能,娱乐是电视适合的传播形式",[1]根据谢耕耘和王彩萍的《中国电视娱乐节目报告》,中国电视娱乐节目发端于上世纪90年代《综艺大观》,经过二十多年的发展,娱乐节目成为电视台收视率贡献的主流力量。2000年至2002年,中国电视娱乐节目曾遭遇了整体的"降温",从2003年开始,中国电视娱乐节目总体收视份额开

① 张翼,李春喜,王长田.操练电视的传媒新贵[N].中国经营报,2001-8-30(16).

始回升,尤其是 2004 年,娱乐节目在全国 76 个城市所有频道的人均收视时间为 3
707 分钟,娱乐节目在所有节目中所占的份额达到 6.7%,为近几年来最高。如今
娱乐当道的电视相亲节目正是遵循电视娱乐功能不断发展增强这一特性下的产
物,以前所未有的娱乐形式与内容刺激满足着人们的视听需求。

第二,节目形式逐步创新。在舞台效果上,上世纪 80 年代的相亲节目舞台设
计简单粗糙,90 年代的相亲节目,《玫瑰之约》舞台设计更精细,六男六女现场进行
互动,才艺展示的环节为舞台营造了轻松愉悦的氛围。如今的相亲节目则利用各
种元素烘托舞台效果,发挥极致以此刺激观众的视听。以《非诚勿扰》为例,舞台的
色调采用冷艳的红蓝色系,营造出了一种前卫的视觉效果。在嘉宾主持人的设置
上,《电视红娘》的嘉宾单一,主持人与嘉宾之间只是一问一答,到《玫瑰之约》时,选
择的嘉宾不再限制于单身的年轻男女,后期还针对再婚的老年人和离异人士制作
了系列节目,主持人和嘉宾也开始有互动,节目更幽默风趣。而在《非诚勿扰》中,
嘉宾的选择遵循差异化的原则。女嘉宾有年龄跨度,职业涵盖了社会各个阶层。
作为知名新闻评论主持人出身的孟非,谈吐理性慎重,又十分幽默。在节目的流程
安排上,《电视红娘》只是让嘉宾在镜头前背诵身份介绍、家庭背景。《玫瑰之约》的
节目流程开始变得丰富,有四个环节,还会穿插嘉宾才艺展示。《非诚勿扰》整个节
目过程则充满着戏剧性的变化,三五分钟一个小高潮,十多分钟一个中高潮,结尾
一个大高潮,观众可以在短暂的时间内窥视到各种情感故事。独特的流程设计犹
如系列剧,每期都在演绎着充满着悬念与冲突戏剧化的情感故事。

第三,节目传播效果不断增强。由于社会风气的开放程度不够,《电视红娘》在
三个月的宣传期中没有一人报名参加,即使在顺利录制后,也基本是男性。上世纪
90 年代,人们的思想相对开放,经济的发展同时带来生活节奏的加快,娱乐化的元
素满足了人们休闲之余轻松愉悦的需求,相亲节目中提供的消遣和娱乐帮助人们
"逃避"日常生活的压力和负担,带来情绪上的解放感。21 世纪是一个经济空前发
展,社会道德价值观混乱的年代,在巨大的生活压力、狭窄的社交圈下,"剩男剩女"
规模空前扩大,电视相亲节目的复出极大程度上满足了以上提到的心绪转换、改善
人际关系、自我情感确认的需求,如今的传播媒体已经形成了"电视+互联网+其
他媒体"的整合传播效应,互联网、各种媒体让观众得以自由发表观点,激发很多话
题和舆论,满足了他们参与互动的欲望,使这波相亲热取得了空前的传播效果。

(三)中国电视相亲栏目的发展方向

《非诚勿扰》备受人们的关注,高收视率的诱惑也让各大电视台竞相模仿。然
而,严重的同质化、低俗炒作等问题也逐渐显现。针对这些问题,我们认为中国电
视相亲栏目的发展应加强以下环节:

首先,提升节目的创新能力。针对我国电视相亲出现的严重的同质化问题,电

视人应当充分完善自身的理论知识和实践经验,不断提升创新能力。制播一体的电视体制使得节目制作效率低下、成本高、眼界狭窄、思想僵化。我们应不断发展完善各类节目制作机构,激发他们创意的思维,提高投入产出效益,提高节目制作效率和传播效果,同时在实践中尝试委托制作、合作制作、招标制作、市场交易等新型制播模式,引进竞争机制,让节目市场走向全社会,使节目的内容、形式及来源更加多元。同时应当加大电视优秀人才的培养,培养一批经验丰富、专业知识过硬、适应高科技传播手段的人才,提高电视人的制作理念和实践水平,坚持"观众和客户至上"的心态,以不断创新的节目内容满足顾客的需求。充分利用我国本土的社会资源,大力挖掘有用素材,寻求大众传播领域的新突破,将大众细分研究,避免同质化。

其次,加强媒体责任意识。美国著名的传播学家拖尼施瓦茨把电视比喻为"第二个上帝",他说"无所不在的电视电波犹如上帝一样,向它的信徒布施同一的感情、知识、情趣和道德观念,它使得人与人之间,人与社会之间的关系也发生了微妙的变化。"①作为传播媒介道德价值观的电视人应当不断提高自身的文化品位和知识内涵,担负起社会责任。在我国电视相亲栏目的发展史中,《相约星期六》就是在坚守电视人的责任的理念下,把握人性、时代的需求,把握年轻人积极向上的美好的愿望,以坚守社会主流价值,坚持正确导向的宗旨为己任,引导人们相信爱情,相信真爱,树立积极的恋爱观,弘扬对生活本身的热爱。《相约星期六》的生命力持续了13年,为社会大众引导积极的价值观,它13年的生命力很值得如今的媒体学习,电视媒体在强调和突出娱乐消遣功能的同时,不应违背道德价值观和审美取向,应当挖掘出积极的素材,做好舆论导向,引导正确的婚恋观、价值观,提高节目传播的正面效应。

最后,准确定位节目性质。节目的定位不清、观众的错误接收,是因为中国观众的观看心理不同于西方观众的心理,西方观众在观看电视娱乐节目时能够清晰明确地认识到电视节目的性质,只是单纯作为自己闲暇之余的娱乐消费品,而中国观众在观看此类节目时,往往存在对节目娱乐性认识不清的误区。所以,作为电视人,应当针对国人的心理,明确定位节目。娱乐性节目就应当在真实的原则下大胆充分娱乐,展示社会各个角落潜伏的但真实存在的问题,在主持人引导正确的舆论导向下让大众积极参与探讨,让大众百分百娱乐消遣,同时在娱乐中建立正确的价值体系。服务性节目就应当完全秉着服务的宗旨,切实为社会大众的利益考虑,满足大众的需求,这样,社会大众就不会再因为"误读"而引发各种不良的社会影响。

对中国电视相亲栏目的认识,应从宏观社会思潮的变化、电视媒体自身功能、

---

① 陈龙.在媒介与大众之间:电视文化论[M].上海:学林出版社,2001:297.

电视人制作理念的转变等多角度展开。我们应理性对待现阶段红火一时的相亲节目,不应当一味追求高收视率和社会经济效益,而应担负起媒介自身的社会责任,充分发挥创造性,满足观众不断改变的审美需求和不同的情感需求。

第三节 《爸爸去哪儿》与《我们 15 个》

中国的电视真人秀节目产生于上世纪 90 年代,发展至今已有二十多年。其间,我国电视节目的类型逐渐丰富,样式不断更迭,但"真人秀"这一形态却长盛不衰,近年来更是涌现了一批创下收视奇观的"现象级"节目。在当下的电视真人秀中,观众既能看到普通人一夜成名,也能看到明星私下生活的方方面面,明星跳水、当兵、旅行、恋爱、亲子等题材层出不穷。一方面,这些节目为制作方带来巨大的经济收益,并具有较广泛的社会影响力;另一方面,其中存在的过度娱乐化、低俗作秀等弊病却一直受到质疑。在广电总局的政策引导以及全社会的呼吁和关注下,一些以普通人为主角的素人真人秀节目纷纷亮相荧屏。本节选取了明星真人秀中的"现象级"节目《爸爸去哪儿》和新晋的荧屏亮点素人真人秀《我们 15 个》为讨论对象,探讨中国电视真人秀节目创作的得失。

一、明星亲子节目《爸爸去哪儿》的成功之道

在 2007 年以前,中国电视真人秀节目的主要形态是草根选秀,《超级女声》、《快乐男生》等节目让许多原本默默无闻的普通人一夜之间成为炙手可热的娱乐明星。2006 年开始,广电总局发布了一系列整顿选秀节目的政令,这使得原本就已引发观众审美疲劳的草根选秀节目一度陷入低谷。

在这样的背景下,2013 年湖南卫视推出大型明星亲子真人秀节目《爸爸去哪儿》,显现出了与草根选秀截然不同的异质性,将真人秀节目的参与主体从"草根"转变为"明星",从"成人"转变为"成人+儿童",拍摄场景也由室内转为野外。这些新鲜的元素不仅使得节目爆红,成为现象级,更引发了国内其他真人秀节目的借鉴和模仿,开启了我国电视明星真人秀火爆的新时代。《爸爸去哪儿》的巨大成功给我国的电视节目创作带来很多启示,但其对"儿童"的消费也引发了一些争议,其间的得失值得我们关注。

(一)节目内涵:"明星"与"亲子"的创意组合

《爸爸去哪儿》是一档模式引进类节目,其原版来自于韩国。同处于儒家文化圈,韩国与中国在家庭伦理观念方面的亲近性是这档栏目能被移植成功的文化基础。中华民族自古以来重视家庭与亲情,在我国电视剧的题材分布中,家庭伦理剧的数量是相当可观的。《爸爸去哪儿》主打亲情牌,符合我国观众的接受心理,并选

择"父子"、"父女"关系加以展现,进一步把握住了当下社会中亲子关系的关键问题。由于社会竞争和工作压力的加剧,当下我国家庭中普遍存在着父亲角色缺失的焦虑,照顾子女的任务主要由女性完成,男性的主要精力往往投入在工作和社交环境中。而实际上,父亲的教育和陪伴是孩子健康成长,形成完整人格的必要因素。节目对这样的集体焦虑做出了回应,当观众看到节目中父亲以自己独有的男性的方式照顾和关爱子女的温馨情景,便会自然而然的为之动容。

从"使用与满足"理论的角度来看,这档节目全方位地满足了观众的多种心理。首先,还原明星的父亲身份,并将"星二代"从幕后推向台前,这样的人物设置极大程度上满足了观众的"求新"心理。当人们对草根变明星的魔术产生审美疲劳的时候,《爸爸去哪儿》反其道而行之,撤去明星头顶的光环,将镜头对准他们与孩子相处的平凡而又真实的场景,这些父子或父女相处的温馨细节,很容易使观众产生共情的体验,成为观众"观赏"明星的新的视角。其次,亲子节目中最为出彩的是"孩子"这一角色。动物和儿童是天然的戏剧素材,这些"星二代"相对于普通孩子来说,既具有较强的话题性,又不失纯朴真实的童真。观众在观看节目时,"童言"和"童趣"是一大亮点,满足了人们的"求趣"心理,在一种轻松愉快的氛围中感受亲情的甜蜜,思考教育的问题。第三,节目的题材决定了其受众面宽广,是获得高收视率的一大保障。《爸爸去哪儿》是适合家庭共同观看的栏目,无论是耄耋老人,中年父母,还是幼儿、少儿都能在节目中找到自己感兴趣的关注点。其中既有趣味,亦有感动,还有对于教育问题的反思,节目风格清新、健康,取得了口碑和收视率双重收获。

（二）表现形式:"记录"与"戏剧"的巧妙融合

在《爸爸去哪儿》之前,我国电视荧屏上对亲子关系的表现主要集中在电视剧中,然而,电视剧毕竟是虚构的艺术,感染力与真实记录类的节目相比,还是稍逊一筹。在《爸爸去哪儿》中,尽管节目流程是事先安排的,但人物的状态却是真实自然的,尤其孩子自然质朴的真性流露是极易打动人的。而节目录制过程中各种突发事件的发生,更增加了观众的收视期待,真实的魅力是保障节目收视率的重要因素。

当然,真人秀节目毕竟不同于一般的电视纪录片。节目在保留"记录"的真实感的同时,并不流于平铺直叙,而是充分调动各种元素增加戏剧性和观赏性。首先,节目的拍摄地一般会选取偏远未开发的山村。如云南的普者黑、宁夏的沙坡头等地都是欠发达的荒野地区,那里有着天然的原始景观,给人一种世外桃源的独特美感。人物在这样原生态又有些神秘感的地方开展活动,给观众一种全新的审美体验。其次,节目对原版的制作方式进行了扬长避短的本土化处理。韩版节目制作精美,动用40余台摄影机全方位记录嘉宾生活细节的优点被采纳,因此呈现给观众大量精挑细选后的生动细节,这些对人物细腻情绪的准确捕捉是一大看点。同时,韩国版由于播出时长较长且受到韩剧制作风格的影响,总体而言是有些拖沓的。针对国内观众的审美口味,节目引进后缩短了时长,剪辑节奏更快,内容更为紧凑,人物行动更富有戏剧张力,这些改良是节目落地成功的重要原因。最后,节目在嘉宾的选择上也颇费心思。有意识地选取不同性格的明星和不同性格的孩子,如在第一季节目中,林志颖乐观温和,其子 kimi 乖巧懂事,王岳伦没有太多照顾女儿的经验,很多时候囧态毕露,而女儿王诗龄则有些大大咧咧,十分可爱,其他几对父子或父女也是性格迥异。"不同的角色诠释不同的形象,给节目制造出了多样化的看点。这些被呈现出来的人物形象可视可感,有很强的代入感,贴近时代生活,更容易唤起受众的共鸣。"[①]

（三）营销传播:"全产业链"式的品牌经营

除了节目内容和表现形式充满新意之外,《爸爸去哪儿》创下收视奇迹的原因还在于其在传播与营销方面的创意手法。

《爸爸去哪儿》从节目的策划到传播环节都具有明晰的品牌意识。节目在充满观赏性的同时也引发了人们对当下亲子关系、教育问题的审视和讨论。"节目的品牌核心价值契合了当今社会的整体价值观念和文化诉求,保证了节目的美誉度。"[②]围绕节目品牌的核心价值,栏目在标识的设计上,以清新自然的绿色为主色调,突出了"爸爸去哪儿"这五个立体化的大字,并加入了卡通化的父亲和孩子交流对话的形象,与节目的内涵十分吻合。节目主题歌朗朗上口,便于传唱,具有较高的辨识度。这样精心设计的视觉与听觉标记为节目的品牌传播打下了良好的基础。

湖南卫视在推广《爸爸去哪儿》时,整合了全台的资源,进行全方位的营销。在其强势娱乐节目《天天向上》以及《快乐大本营》中,都对节目做了专题策划,通过嘉宾访谈、花絮爆料等方式制造话题,扩大节目的影响力。除了利用自身的电视资源进行营销宣传,还积极利用其他媒介进行宣传,《人民日报》《光明日报》等 30 多家报纸对节目进行过报道和讨论,同时还有广播、杂志、网络平台的推广与互动。在节目形成轰动之后,及时推出了同名大电影《爸爸去哪儿》,获得了较高的票房。此外,还联合"360 手机助手"开发了同名手游,下载量很高,出版的同名图书三天内销量已超过 5 万本。除了传统广告运作,节目中还巧妙地植入了英菲尼迪、伊利牛奶、蓝月亮等多个品牌。节目的许多拍摄地也由默默无闻的未开发荒野成为了备受追捧的旅游目的地。

---

① 兰柳.明星亲子节目《爸爸去哪儿》的艺术分析[J].当代电视,2016,(1):70-71.
② 孟岩.国内电视真人秀节目的整合营销传播研究——以《爸爸去哪儿》为个案[D].济宁:曲阜师范大学,2015:25.

当下国内电视节目的产业链运作还不够成熟,节目主要依靠单纯的广告收入来实现盈利,《爸爸去哪儿》在完整产业链方面的探索值得我们关注,也给中国电视节目市场的进一步发展提供了宝贵的经验。

当然,这档节目在某些方面也存在争议,尤其是节目成功后引来了许多模仿者,一时间亲子真人秀充斥电视荧屏,这种同质化的竞争导致了电视对儿童的过度消费,受到一些专家学者的诟病。如何在收视率和社会责任之间找到平衡,这是未来中国电视娱乐节目发展中值得思考与重视的关键。

二、素人真人秀《我们 15 个》创作策略评析

自 2006 年始,广电总局陆续颁布过"限娱令""限唱令"等调控政令,对以真人秀为主要代表的电视娱乐节目进行整顿。2015 年 7 月 22 日,广电总局发出了《关于加强真人秀节目管理的通知》,指出当下真人秀节目中存在诸如盲目引进境外节目模式,"靠明星博收视"等问题,要求真人秀节目努力转型升级,坚持以人民为中心的创作导向,关注普通群众。此次的"限真令"通过《人民日报》和《新闻联播》发布,管理态度之严肃可见一斑。

"限真令"的出台无疑会促发中国真人秀节目创作走向调整,而在政令颁布之前,业界及学界关于真人秀如何良性发展的探索早已展开。2015 年 6 月 23 日,腾讯视频和东方卫视联合出品了国内首档纯素人生活实验类真人秀《我们 15 个》。节目以 24 小时直播的方式记录 15 个普通人在远离城市的荒芜平顶为期一年的生活。腾讯视频的数据显示,截至 2015 年 12 月,该节目的总播放量已经突破 10 亿,单日直播人均观看时长 129 分钟。在百度贴吧,《我们 15 个》以 113 万贴的活跃数位居网络自制综艺综合排名第一。电视真人秀收视竞争白热化的当下,这档不倚赖"明星"与"选秀"的节目获得观众如此的关注实属不易,其独特的定位和鲜明的辨识度值得解析,亦为我们探讨"限真令"后真人秀节目的发展方向提供了启发。

(一) 形态的新鲜性与内涵的本土化

中国电视真人秀的发展从未离开过"模式引进"。无论是早些年引发收视热潮的《开心词典》《超级女声》,还是近年来成为"现象级"的《中国好声音》《爸爸去哪儿》,无一不在此列。然而,"模式引进"的真人秀数量虽多,形态却有较强局限性。因较易植入"亲情""梦想"等与中国国情及观众价值观相吻合的元素,选秀、明星亲子类真人秀都能被成功地本土化。而另一些在西方大热的类型,如《幸存者》和《老大哥》,在引进中国后却因水土不服而迅速消亡。究其原因,除当时中国的制作技术落后,无法较好实现全方位、长时间的跟拍尤其是野外拍摄外,更重要的还在于此类节目对个人隐私的过度揭示及人性丑恶面的直接表现,这些内容既不符合主流意识形态的宣传导向,亦与我国观众的审美习惯与接受心理相悖。

  显然，形态单一正是造成真人秀节目拼明星、靠炒作，恶性竞争的重要原因。《我们15个》虽然也是模式引进，节目形态却呈现出极强的新鲜性。其荷兰原版《乌托邦》的主创者是曾经创造了"现象级"节目《老大哥》和《好声音》的约翰·德摩尔。与《老大哥》单纯的窥视、游戏不同，《乌托邦》在娱乐的同时带有"社会实验"主题。在欧洲经济不景气的背景下，人们对未来表现出忧虑的同时也对政府的管控存在着质疑。这样一次"乌托邦"式的社会生存实验暗合了人们的心理需求。在《老大哥》中，冰箱是满的，选手的任务仅仅是游戏。而在《乌托邦》中，15人的生存成了首要任务，除了一次性提供原始的启动资金和少量生活资料外，节目组不再介入，选手们需要依靠自身能力谋生。"游戏"被实在的生存考验替代，节目在严肃性及先锋性上与当下其他真人秀有明显的区别。

  经过多年的发展，我国真人秀节目的摄制技术已明显进步，野外拍摄、全方位跟拍成为常规手法。因此，《我们15个》在引进《乌托邦》时，技术已不是瓶颈。其开创性的动用120台360度全高清摄像机，60个麦克风以及全球最先进的内容管理系统，对选手们的生活进行长达一年的24小时直播，在全球电视真人秀拍摄历史上当属首次。

  如果说完善的视听呈现是成功引进此类模式的基础，那么调适跨文化传播的接受差异则是更深层面需要解决的问题。《乌托邦》中男女选手恋爱的亲热场景都被记录并播出，这些在西方电视语境中"出彩"的卖点在《我们15个》中并不适用。显然，与之前成功本土化的选秀、亲子节目相比，《乌托邦》的节目理念与我国收视环境的嫁接难度更大，其中对选手隐私地赤裸展示既不可能通过官方审查，也难获得我国观众的普遍认同。如何在似乎纯西式的节目形态中注入本土化内涵？《我们15个》所做的探索具有启发意义。

  首先，参与者的遴选充分体现了我国当下各阶层人群的代表性与典型性。第一季的参与者中有农民、退伍军人、博士、学生、退休工人、设计师等，他们在职业、年龄、地域、性格等方面的差异巨大，几乎每个观众都能从中找到情感投射和自己的影子。素人虽然没有出众的"颜值"，也缺乏专业的表演素质，但他们真实朴素更接地气，也更能引发观众的代入感。与明星真人秀中俊男美女的喧哗作秀相比，观看普通人的生活对于观众来说就是另一个自我的演绎。我们每个人都生活在一个群体中，扮演着不同的角色，但身处其中往往"当局者迷"。《我们15个》以第三方的视角为观众提供了一个审视自我的范本。在这15个人的小群体里，有冲突、有温情，在相对封闭的时空里，普通的生活细节被放大，是当下我国社会各色人群生存状态的缩影。

  其次，在《我们15个》中，"乌托邦"的"空想"被置换为远离喧嚣，寻找宁静，追问人生真谛的生存实验。在浙江桐庐县的荒山之上，节目组只为15名参与者提供

5 000元现金，一个谷仓、一部非智能手机、2头奶牛和若干只鸡。他们要靠自己的能力接通水、电、燃气，搭建生活空间，创造生活。日益加速的城市化进程，快节奏的现代都市生活给当代人带来了前所未有的生存压力，物质极大丰富的同时却难免有精神的迷茫。在《我们15个》中，经济基础被清零，观众可以看到15个人构成的微型社会，从一无所有，到满足三餐，达到最低的物质生活要求，再到发展壮大，拥有更多的生存资料和更高的精神文化追求。正如选手韦泽华的理想是建设天人合一，人与自然和谐共生的生活秩序那样，每个观众都会在观看节目时被代入，设想自己心目中理想的生活形态。应当说，节目为观众营造了反思现实、抒发情怀的场域。

（二）审美的纪实性与传播的创意化

2013年以来，中国电视真人秀呈现出井喷式的发展。仅2015年，国内真人秀节目的制作数量达到200档，是上一年度的5倍。这其中，绝大部分是"明星"或"明星＋草根"选秀类真人秀。面对激烈的竞争，不遗余力地追求娱乐性便成为大部分真人秀节目的共同选择，出现了"限真令"中提及的节目"有意思"却"无意义"的现象，甚至曝出虚假炒作、作秀过度的丑闻。作为一档非选秀的纯素人真人秀，《我们15个》充分体现了叙事的真实性，对普通人生活原汁原味的纪实是其独特的风格。相较于明星，普通人在镜头前的状态更接近人物本真。120个机位24小时无死角拍摄，没有事先设计的台本与编导的指导，最大限度地保证了节目的真实性。

然而，纪实并不等于平淡，戏剧性是可看性的必要元素。"纵观当下荧屏上的明星真人秀节目，'游戏＋竞技＋剧情'的复合式结构已经被普遍采用。但遗憾的是，这种要求每期节目设定不同的故事背景、迥异的游戏内容和竞技形式，给每位参与者都赋予不同个性的虚拟身份和复杂的角色关系，借助扮演相关角色来推进节目进程的方式，在以普通人为主体的真人秀节目中却并不完全适用。"[①]对此，《我们15个》在真实记录的同时也充分考虑中国观众偏爱"传奇"的审美习惯。在选手选择上，15个人构成了社会的最小单位，加上精心挑选的不同背景的选手，模拟了价值观各异，充满矛盾与冲突的小型社会。首发15人中有脾气火爆的吊车司机刘富华；性格张扬的女汉子刘洛汐；胆小却爱唱歌爱烹饪的小胖郑虎；独立自主的老大姐谭丽敏；有想法爱漂亮的大学生肖凡凡等。他们性格迥异，在面对相对封闭艰苦的生活环境、集体利益与自我利益的冲突时，自然会因为观点不同而爆发冲突。没有大纲、剧本，事态就循着15人的情绪震动而发展，充满意外的不可知性是节目的魅力所在。

在审美风格上，《我们15个》最大限度地坚守了"真实"的品质。在传播方式

---

① 中国电视艺术委员会评论员.普通人真人秀：彰显平凡人的魅力[J].中国电视,2015,(11):12.

上，节目的运作却有不少突破传统的亮点。首先，"网络＋电视台＋APP"的播出方式开创了新旧媒体交融的典范。通过互联网化的传播交互，APP用户日活跃度高达87％，百度贴吧发帖数量冠绝网络自制综艺节目，弹幕总量突破一千万。之前的台网融合，大多是节目由电视台播出，网络媒体与之合作享有独家播放权，电视平台占主导地位。而《我们15个》除在东方卫视进行周一至周五半小时左右的日播外，在腾讯视频则进行24小时直播，观众可观看日播以及周播的精华版，腾讯视频插入视频弹幕，观众可进行实时互动，并可以通过在网站购买"能量瓶"的方式为自己支持的选手提供帮助。节目创建了《我们15个》官网，网站提供了直播、日播精华、周播、花絮、选手性格分析、投票等内容，在《我们15个》APP，除24小时直播外，增加了更多观众参与环节。这样的播出方式吸取了传统电视节目的精髓，更能体现互联网的优势，运用大数据充分挖掘观众需求，进行有效传播。此外，尽管节目的参与者是纯素人，但在营销推广时却能合理的借力明星，在开播之前便请来吴莫愁等人为其宣传。其良好的规则设定也为合理的广告植入提供了空间。居民们在有限的生存空间活动，一些场景会持续地出现，可以顺势植入各类品牌。开播以来，令人印象深刻的品牌植入是"伊利"，在节目中，"伊利"安排专业的奶牛养殖顾问进入平顶，从奶牛的保健以及如何挤奶、制作奶制品等方面给选手们以指导，展示了伊利良好的品牌形象，达到了传播效果。合理的广告植入，为节目长久发展提供了赞助保障。

（三）"限真令"后中国电视真人秀的发展方向

"限真令"的出台及时纠正了中国真人秀节目过度消费明星、同质化恶性竞争的不良趋向。与明星真人秀相比，《我们15个》以纪实与同步的拍摄手法，对普通人的生活进行彻底全面地展示，呈现出丰富的时代感。然而毋庸讳言的是，当下的"现象级"真人秀，仍然基本是纯明星真人秀或以明星为主导的"明星＋草根"选秀节目。包括《我们15个》在内的大部分素人真人秀节目确实存在着戏剧张力不足，娱乐性与可看性欠缺的弊病。如何使我国电视真人秀节目类型更多元，格调更高雅，这个问题值得思考。

首先，注重我国真人秀节目的情境创新，将传统文化与当下社会语境的融合作为真人秀原创的文化富矿。最近，灿星与Talpa公司及唐德影视之间关于《中国好声音》的版权风波，反映出巨额版权费和天价明星出场费在真人秀制作成本中所占比重已严重背离正常范围。因此，只有加强原创才能使我国真人秀节目获得可持续发展。"情境是真人秀节目中的核心元素，可以成为电视真人秀节目实现戏剧性与真实性相结合的黏合剂，通过刻意的规则在游戏中造成对立和冲突，产生悬念跌宕、环环相扣的戏剧效果。"①因此,真人秀创新的重要环节便是情境创新。当下中国真人秀节目的情境主要集中在才艺选秀、亲子活动、明星游戏等方面,如何创作出接地气、多元化、格调高尚的节目,重要突破口在于寻找到优秀传统文化与当代文化的结合点,以此为文化根基创造新的真人秀情境。中央电视台新近开播的《叮咯咙咚呛》便是成功的典型。在节目中,中韩两国明星一起学习中国传统戏曲,以时尚的形式演绎经典,收视率获得成功的同时也促进了我国传统文化的对外传播。"近年来,将中华优秀传统文化与当下流行文化有机融合的真人秀作品,还有中央电视台的《中国汉字听写大会》、河南卫视的《汉字英雄》等等。这些立足于中华优秀传统文化,将娱乐性与当下中国社会意识形态和主流价值追求相结合的节目,才代表着中国真人秀节目的未来方向。"②

其次,不断做精受众调查,研究受众需求也是中国真人秀节目创新的源头活水。身处文化价值形态多元化的时代,受众需求日渐丰富,电视真人秀的功能定位绝不应仅限于提供娱乐。以《我们15个》为例,这档节目除娱乐价值外,亦能引发观众对人际关系乃至人性的思考,其他一些素人真人秀如《变形记》《孩子来了》等也呈现出丰富的社会阅读功能。在可预见的未来,真人秀的分类会更加细化,针对特定人群的不同生活场景,真人秀节目应当捕捉和深挖其心理需要,更敏锐精细地进行节目策划。生活中诸多场景都可以作为真人秀的情境来源,应创作出更多从观众内心情感出发,表现多元生活的节目。

最后,深刻理解互联网思维,拓展台网融合新方式,为真人秀节目的生产、传播提供崭新思路。近年来,网络综艺节目迅猛发展。相比于电视综艺,网络综艺显得更有活力。弹幕、互动游戏、实时投票等方式使观众能更为直接地参与节目,甚而主导节目发展。《我们15个》的跨媒体传播相较之前的真人秀节目就显得更为充分与深入。顺着《我们15个》的思路,未来真人秀节目台网融合的方式,绝不应仅限于网络播出、微博话题等传统方式。真人秀节目的商业模式相对于传统节目具有相当的优势。"传统节目商业价值实现流程的闭合性较高,对参与其中的各方均有局限。而真人秀节目价值链的开放性、流通性和层级化程度较高。其价值链增值环节更多,且具有多种拆分与重组的方式,有利于吸收各个价值环节的价值增量。"③显然,互联网思维与真人秀节目擦出的火花,在节目创意策划、传播营销的各个环节都能发出巨大的光彩。

① 洪艳. 从情境论看电视真人秀的真实与表演[J]. 中国广播电视学刊,2013,(10):58-60.
② 张红军. 中国真人秀节目的文化思考——从韩国明星真人秀模式谈起[J]. 中国电视,2015,(11):34.
③ 李星儒. 真人秀节目:狂欢下的冷思考[J]. 中国广播电视学刊,2015,(1):37-41.

第五章　中国电视节目形态的发展方向

　　根据中国互联网络信息中心(CNNIC)于 2017 年 1 月发布的第 39 次全国互联网发展统计报告,截至 2016 年底,中国网民规模达 7.31 亿,互联网普及率为53.2%。由此可见,互联网的崛起已是不争的事实。在新媒介生态下,受众获取视频资源的渠道不仅限于电视媒体,受众与新媒介之间、受众与受众之间的互动性增强,自主能动性大大提升,对传统电视的发展形成了巨大的冲击。受众的中心地位确立,面对众多选择对节目的要求也随之提高;各省级卫视为了争夺全国的受众,竞争日益加剧;国家对电视节目的控制也逐渐加强。传统电视节目在竞争中寻求自己的捷径,并做出一定的改变。与过去相比,真人秀综艺节目以及改编小说、游戏的电视剧数量剧增,电视节目也慢慢偏向于高成本、大制作。未来,中国电视节目形态的发展处于前所未有的新环境,许多新的课题值得我们探索和思考。

第一节　新媒介生态下电视媒体的定位

　　邵培仁在《媒介生态学》中说:"媒介生态的表述大多是一些直觉的、感悟的、混沌的、零星的表述,是泛化而非专业的表述,尽管他们不无精神上的聪慧与气韵。所谓媒介生态,是指在一定社会环境中媒介各构成要素之间、媒介之间、媒介与外部环境之间关联互动而达到的一种相对平衡和谐的结构状态。"的确,国内学者围绕电视媒介生态的讨论有些杂乱,电视媒介与其他媒介之间的关系,电视媒介内部的竞争,电视媒介与社会政治、经济、文化之间的相互作用等命题,都成为了"电视媒介生态"的讨论对象。但这并不妨碍我们借助这一概念,讨论电视媒体在面临新的媒介风云变革时所处位置的变化,以及由此导致的对电视节目形态生产的影响。

一、新媒体及其影响力

　　早在 1967 年,美国 CBS 的技术研究人员 P. Goldmark 就提出了"新媒体"的说法。实际上,所谓的"新媒体"并不是某一种特定媒体的称谓,而是一个随着时间流逝、技术发展而不断发生内涵变化的概念。相对于报纸来说,广播曾经是新媒体。相对于广播和报纸来说,电视也曾经是新媒体。而当下的"新媒体"主要指涉的是"相对于书信、电话、报刊、广播、电影、电视等传统媒体而言的新媒体。从技术上界定,新媒体是指依托数字技术、互联网络技术、移动通信技术等新技术向受众提供信息服务的新兴媒体。"①

基于这些新的技术形式,新媒体具有区别于传统媒体的一些传播特性。第一,其具有超媒体性,也就是说新媒体聚合了传统媒体的所有表现形式,受众只需要进行简单的"点击"行为,便可以超越线性局限获得相关的文本信息、声音、影像等内容。尽管到目前为止,现有技术手段还无法完成各类别信息的任意转换,但在可预见的将来,这一目标完全是可以实现的。第二,新媒体具有交互性。交互性指得是在传播活动中,传者与受者的信息交流活动呈现出双向的特点。在互联网媒体出现之前,交互性仅存在于人际传播中,报纸、广播、电视等大众传媒的传播活动一般是单向的,信息的反馈与互动并不实时,也不方便。数字技术的大规模应用使新媒体的信息收集和加工过程变得简单方便,任何拥有联网设备的个人都可以既充当信息接收者又充当信息的发送者,真正实现信息的双向互动。第三,新媒体提供的信息更具个性化。与以往大众传媒点对面的传播方式不同的是,新媒体可以提供点对点的传播。一方面,传者可以根据不同受众的不同需求提供量身定做的服务;另一方面,信息接收者也可以拥有较传统媒体受众而言更为宽泛的自主选择权,可以通过订制、选择、检索等方式获取自己所需的信息。在法律允许的框架内,每一位新媒体使用者都可以发布或接收具有明显个性色彩的内容,大众传播因此极大程度上具有了"小众性"。第四,新媒体的信息传播还具有虚拟性。利用数字技术,只要通过各种软件,人们就可以随意且毫无痕迹的对文字、图片、影像等信息进行加工、组合和嫁接,甚至可以制作出十分逼真的虚拟画面,如电影中的特效镜头,动画或游戏中的影像等。此外,在新媒体环境中,传者与受者的身份也具有虚拟性,我们并不知道电脑的另一端是什么人,"所以建立在虚拟数字信息交流基础上的人际关系也具有一定的虚拟性,而这种虚拟的人际关系将极大地改变传统社会的人际关系模型"②。

正是因为新媒体具有这些与传统媒体截然不同的特点,它一经普及便给社会生产的各个领域带来了革命性的变化。这其中,我们特别需要关注的是新媒体在传播行业整体格局中掀起的巨大风浪。新媒体加入传媒市场后,迅速占据竞争优势地位,以后来居上之势与传统媒介瓜分受众资源,直接影响了传统媒体的广告份额及传播影响力。在新媒体出现之前,电子媒介与印刷媒介的竞争虽然十分激烈,电子媒介内部电视与广播的竞争也已经分清高下,但由于呈现方式和技术手段的差异,这些传统媒介都具有自身的特点,各自都有自己相对稳固的受众群,可以满足不同受众的不同需求,并不能互相取代。而新媒体是兼有各类传统媒体呈现方式的融合型媒体,因此,其给媒介生态带来的重要后果便是对旧媒介的兼并及

①② 宫承波.新媒体概论[M].北京:中国广播电视出版社,2007:2-6.

融合。

此外,新媒体还改变了媒体工作者的工作方式。由于数码相机、手机的普及,在新媒体时代,每一个人都可以成为信息的获取者、编辑者和发布者。2005年伦敦爆炸案发生后,最早的信息便来自于亲历爆炸的群众用手机拍摄的图片和视频。因此,新媒体也是自媒体时代,每个人都可以十分便捷的传播信息。

当然,由于新媒体时代信息爆炸,鱼龙混杂,虚假信息始终是困扰新媒体发展的一大弊病。传统媒体设置中有"把关人"角色,受到政府和法律的监督,且传统媒体已经形成品牌价值,具有较高的权威性,一般不会发布虚假信息。而新媒体信息的过度自由化传播以及无门槛的平民传播等特点都给政府监管和控制信息带来困难,为信息混乱提供了温床。

二、新媒介生态对中国电视业的影响

在新媒介生态下,视频内容播出不仅仅局限于电视媒体。优酷、土豆、爱奇艺、腾讯视频、乐视、搜狐视频等视频网站崛起,成为受众获取视频服务的主要来源。视频资源在这些视频网站上汇总,并有统一的分类、排行。其视频内容不仅包括了各个电视台的播出内容,还包括许多网友或团队自己拍摄、制作、上传的视频。受众只要在视频网站上搜索自己想要看的、或者感兴趣的视频,无论是什么节目类型、无论是哪一年的节目,基本上都能够找得到。

受众通过新媒介观看节目是具有互动性的,而不是像电视媒介一样,观众单纯是受众,电视节目放什么受众就看什么,并且不能对节目的内容、播出时间提出自己的想法或建议。新媒介生态下,人们不仅可以上传自己制作的视频,还能对各种多类视频进行评论、点赞、分享。同时,QQ空间、微博、微信等社交媒体也开发出了观看、分享视频内容的功能。近期更是兴起了"弹幕热",以AcFun、bilibili为首的弹幕网站纷纷出现在大众视线中,爱奇艺、搜狐视频等主流视频网站也开发了弹幕功能,使观众能够实时交流。并且在近两年,以百度网盘、360网盘为代表的国内网盘不断发展与竞争,提供在线储存服务,更是为个人与个人、个人与多人分享传播视频资源提供了便利。

其次,移动端的出现、推广,与无线网络完美配合。智能手机、平板电脑的研发,使得人们不仅仅局限在电视、电脑前,这样一个相对来说固定、封闭的空间。人们外出办公、旅游,在室外也能享受到视频资源。

另外,新媒体强调个性化,注重个性定制,即每个受众可以根据自己的时间、喜好来挑选、观看视频资源。只要受众能在网络上找到这个视频,无论受众什么时候想要看这个节目,想看多少遍,哪个部分不想看而快进,都是受众自己决定的事情。受众甚至可以提前下载好视频,这样即便在无网络的情况下也能观看。

由此可以看到，新媒介生态下，内容选择增多和收视渠道多元化，使得传受关系的主导者由传播媒介转移到了受众。传统的"媒介传播、受众接受"的单向传播模式已经被打破，变成了"媒介传播、受众选择""媒介接受、受众分享互动"的多级多向传播模式。受众的中心地位确立，无论是传统电视媒体还是新媒体，都是以满足受众的需求为直接目的不断发展。资源多样化，受众选择多样化。观众并不只通过电视媒介来观看节目，他们更多地选择以手机、互联网视频业务等方式。新媒介生态下，受众获得视频资源的渠道多样化，观看视频互动性强，观看的时间地点具有主观选择权。在这种情况下，受众偏向于选择内容更新鲜、形式更灵活的优质节目来满足自己的需求。

大约在十九世纪末，已有学者注意到了互联网的迅速发展可能对电视媒介带来冲击。这十几年也是中国电视真正与国际接轨，进一步奠定第一传媒地位的发展期。所以，学者们的讨论在当时虽然不是杞人忧天，但也没有引发实践层面太多的回应。这样的隐忧到 2011 年终于在英国首先变为现实，这一年英国的互联网广告收入首次超过了电视。在《2012 中国电视收视年鉴》中可以看到以下数据："中国每户拥有一台及一台以上电视机的家庭同时也有 35.6% 拥有电脑，在浙江、江苏等经济发达省份，这个比例分别达到了 54.5% 和 45.7%。而 2007 年至 2011 年全国样本市（县）收视调查网人均收视时间分别是 172、175、176、171、166 分钟"。[①]另一组央视索福瑞公司的调查数据显示，最近几年电视观众的总人数虽没有太多波动，但中青年观众流失明显，只有 70 岁以上观众的数量有所增加。这些数据充分说明互联网已经撼动了电视第一传媒的地位。对于互联网的普及，电视业界已有了自觉的意识。2010 年开始，《非诚勿扰》《中国达人秀》《中国好声音》等节目轮番突起，利用"真人秀"这一电视独有并擅长的节目形态对抗互联网对传统电视的第一波冲击。而台网互动类节目更彰显了电视应对网络的积极姿态。

三、其他变量对中国电视传播环境的影响

在电视媒体内部，近年来也由于省级卫视的崛起而掀起新的频道竞争。尽管中国电视生态系统内部的商业竞争二十年前就已开始，但在 2000 年以前，央视还基本是一家独大。进入新世纪以后，湖南卫视、安徽卫视等各自以"娱乐节目"或"电视剧"为突破点，加入争夺全国观众的竞争。很快，江苏、山东、东方等多家省级卫视也频繁改版，试图在全国市场格局中占据一席。如今湖南卫视、江苏卫视、浙江卫视分别以"快乐中国""幸福中国""中国蓝"为品牌标识，构成全国卫视竞争的第一方阵。东方卫视、安徽卫视、山东卫视等也紧随其后，成为具有辨识度和收视

① 王兰柱.中国电视收视年鉴 2010[M].北京:中国传媒大学出版社,2010:263-278.

率的优势卫视;值得注意的是,这种竞争不仅作用于同级媒介,更改变了央视和城市电视台上下两个层面的竞争格局。根据下表数据,我们明显发现,在江苏这类本省卫视发展较好的地区,近年来央视市场占有率逐年下降,省级卫视占有率却迅速提高。在江苏地区收视排名前十的频道中,江苏本地频道有 5 个,总收视份额达到 33.6%,中央级频道有 4 个,总收视份额为 13.3%,这些数据充分说明在江苏地区,江苏省级频道的传播影响力是高于中央级频道的。央视的大动作改版,近两三年省级卫视跨年演唱会白热化竞争,这些现象足以说明电视媒介生态系统内部旧有竞争关系被打破。在新平衡形成之前,各级电视频道都面临着危机与机遇。

2007—2011 年江苏各类频道的市场占有率(%)

频道类别	年份				
	2007	2008	2009	2010	2011
中央台	31.7	34.7	30.3	26.2	24.2
中国教育台	0.2	0.6	0.5	0.5	0.5
江苏省级频道	30.1	39.1	31.6	35.3	39.0
其他省级卫视	7.7	14.4	16.5	16.3	15.8
其他频道	30.3	21.2	21.1	21.7	20.5

注:数据来自《2010 中国电视收视年鉴》

2011 年江苏收视份额排名前十位

排名	频道	收视份额(%)
1	江苏卫视	10.8
2	江苏综艺频道	7.8
3	江苏影视频道	5.9
4	江苏城市频道	5.4
5	中央综合频道	4.4
6	优漫卡通卫视	3.7
7	中央六套	3.3
8	湖南卫视	3.1
9	中央三套	3.0
10	中央八套	2.6

注:数据来自《2010 中国电视收视年鉴》

在电视媒介内部竞争逐渐激烈的格局下,我国电视节目形态的发展呈现出以下状态:

首先,近年来,真人秀综艺节目异军突起,迅速占领市场,成为高收视大户。以《爸爸去哪儿》《爸爸回来了》《旋风孝子》为代表的明星亲子节目,以《极限挑战》《奔跑吧兄弟》《了不起的挑战》为代表的户外体验式节目,以《中国好声音》《我是歌手》为代表的新型歌唱类节目在国内爆红,迅速席卷了各个大小家庭的电视屏幕。其次,IP现象频繁出现。据国家新闻出版广播电影电视总局相关部门的统计,2015年中国电视剧生产总部数为395部,集数为1.65万集。其中有相当一部分电视剧是由文学作品、网络小说、单机游戏改编成电视剧的。相较于前几年对大量经典文学名著的改编、翻拍,近两年由小说和游戏改编的电视剧如雨后春笋,一个劲儿地往上冒。以《琅琊榜》《花千骨》《芈月传》《欢乐颂》为代表的小说改编,以《轩辕剑》《古剑奇谭》为代表的游戏改编,占据了众多家庭的电视屏幕。由小说、游戏改编的电视剧最大的优势无疑就是其本身就携带有原著迷、游戏迷。现代社会,年轻群体经常通过阅读小说、玩单机游戏或者网络游戏的方式娱乐生活。这也就意味着改编类电视剧能吸引年轻群体。他们或是怀着好奇心理,或是带着批判情绪,或是随意观望,无形之中就成了固定收视群。与年轻群体相比,中青年群体更倾向于收看情感纠结的或者贴近家庭生活的电视剧。因此,这些电视剧在改编中往往会加重主人公之间恩怨情仇的戏份,制造矛盾点,来吸引电视剧的主要受众——家庭妇女。此外,近几年国内综艺节目和电视剧,都趋于走"大片"策略,以大投入、大制作、邀请大明星为盈利和对抗竞争的主要手段。综艺节目以《中国好声音》为例,首先这个节目是从荷兰引进的,其版权费用就需要220万。节目亮点之一的导师转椅的造价每把高达80万人民币,都是从荷兰空运过来的;并且在音响、舞美、摄影等硬件设备,还有人员的配置上投入了巨额成本。电视剧以《芈月传》为例,在剧中扮演芈月角色的孙俪服装有80多套,且每套价值都在万元以上。在技术层面它使用的设备也更为先进,是用4K拍的,完全可以放到电影院去播映。

其次,"限娱令"等政策干预也是对电视节目形态造成显著影响的外部因素。随着省级卫视的白热化竞争,部分节目只注重收视率与经济利益,而忽略了中国主流文化的宣扬与传播。国家广电总局为了更好地管理国内电视节目,提高电视节目的质量,颁布了多项规定。2011年广电总局规定各地方卫视在黄金时段的娱乐节目,每周播出不能超过3次;2012年初广电总局下发《关于进一步加强电视上星综合频道节目管理的意见》,对各卫视娱乐节目的数量、播出时段、播出时长等都提出了明确要求,同时要求提高新闻节目和教育类节目的质量。这一要求直接引发各大卫视纷纷改版。并对围绕电视剧中间不得插播广告等问题也出台过相关政策;"2013年10月20日,广电总局又向各大卫视下文,规定每家卫视每年新引进版权模式节目不得超一个,卫视歌唱类节目黄金档最多保留 4 档"[①];2015 年 7 月 22 日,广电总局发出通知文件表示,要摒弃一味依靠明星来博得高收视的错误认识,不能以此来助长高片酬的不良风气,多关注普通群众;加大对真人秀节目的原创、创新力度;加强节目价值观的引导作用;加强对未成年人的保护,尽可能地减少未成年人参与。在电视剧方面,广电总局出台各项规定,对电视剧的播出总量、时段、题材等做出了各种限定,包括"一剧两星"以及限制古装、禁止穿越题材等内容。政策干预在极短时间内改变了电视节目的面貌。

最后,新时期社会文化的多元激发了电视传播的多元特质。长期以来,电视传播中"把关人"的存在一直被认为是主流意识形态阵地。伴随着我国社会文化进一步开放以及互联网的"多元"特质,电视媒介的多元性逐步显现。"宁可坐在宝马里哭,也不愿意坐在自行车上笑。"这种原本受主流意识形态批评的论调,从《非诚勿扰》的嘉宾嘴里坦然说出。市场化程度加深导致电视节目"收视率"至上,电视媒介的商业化倾向有所泛滥。

第二节　新媒介环境下中国电视节目形态的创新策略

节目就是产品,节目创新能力是各媒体角逐市场的核心竞争力。然而,节目研发能力却不是一朝一夕可以成就的,《中国好声音》《中国达人秀》等近几年创下收视佳绩的新节目几乎无一例外都属于模式引进类。尽管在电视节目的生产中,模式引进的好处十分明显,也是世界通行的常规做法,但一边倒的模式引进却也反映了中国电视媒体节目创新方面的不足。基于类型讨论在当下的尴尬处境,现阶段从节目形态角度观照中国电视节目生产,并以形态创新为目标,为新节目的研发提供理论指导就显得比较实际。

一、电视节目形态创新必须深入挖掘电视本体特性

不同学者对传播学大师麦克卢汉的著名观点"媒介即讯息"有不同看法,有的认为这种观点夸大了媒介本身特性在传播活动中的作用而忽视了节目内容的重要性。然而,这一观点所蕴含的对媒体特性高度重视的意识对我们思考新媒介生态环境下,电视节目形态的创新问题却是很有启发意义的。当下人们获取同一信息的渠道非常多元,因而电视节目形态的选择必须体现电视媒介的独特性,尤其在与新媒介的竞争中,做最适合电视传播特性的节目才是生存之道。这一点,电视倒是可以向广播取一点经。近年来互联网风生水起给电视带来不小

---

①　陈瑞."限娱令"背景下真人秀节目的发展研究[J].商业故事,2015,(10):118-119.

压力,相比之下广播收听率却相对比较稳定。究其原因不难发现,大部分广播节目都充分挖掘了广播只能"听"只需"听"的特性,这个看似弱点的特性被发挥到极致而成为了广播生存的根本。电视的视听兼备、平民性这些在旧生态环境中被认为是电视特性的因素现在已经变成了电视与互联网的共性。那么,到底电视的传播特性是什么?或者说与互联网相比,只有电视能做到的是什么?经过思考,本人认为至少在以下两个方面电视节目制作者可以进行进一步的探索与努力:

（一）充分挖掘电视作为家庭共享媒介的传播特性

互联网终端从 PC 发展为手机等便携设备的历程非常清楚地显示出,这是一个私人专享型媒介。而电视是家庭共享媒介,尽管很多家庭已拥有多台电视机,但客厅里的那台是重点。因此,研发适合家庭成员共同观看的节目形态是可以努力的一个方向。从现实实践层面来看,许多电视节目已经围绕这一特性作出尝试。电视工作者以"家庭化"观看方式为出发点,构思、制作出了一部分收视率较为可观的真人秀综艺节目以及电视剧等。这些电视节目创新了内容、形式、播出方式,吸引家庭中不同年龄、不同职业的受众,将一个家庭聚集在一起,实现"家庭化"观看。

首先,电视节目在内容上反映家庭生活,包括"家庭"的主题,以及家庭成员的生活。近年来,以《爸爸去哪儿》《爸爸回来了》《二胎时代》为代表的"家庭"主题的真人秀综艺节目频频出现在大众眼前。节目通过跟踪拍摄,展现明星家庭的"家长里短"。以《爸爸去哪儿》为例,节目真实展现了爸爸和孩子之间的互动。爸爸在 48 小时内照顾孩子饮食、洗漱、睡眠,以及孩子们对爸爸的依赖和撒娇,都通过镜头多面地表现出来。比如原本交流很少的胡军康康父子,随着节目的深入,爸爸渐渐发现了儿子高冷外表下隐藏的柔情,深夜窑洞交心爸爸告白儿子"其实爸爸很爱你"。此类明星亲子节目以家庭情感为线索,贯穿整个节目。最重要的是,它满足了观众的情感需求。通过观看这个节目,观众会受到感染,也会融入到这个氛围当中去。亲子节目为父母和孩子创造了一个互相交流情感的途径,让观众在情感方面得到很大的满足。并且这个节目的主题毕竟是"亲情",这个主题并不会成为家庭成员之间的代沟或是隔阂,这是家庭中共有的、固有的、永恒的话题。还有央视的《了不起的挑战》,目前第一季已经圆满结束。它从第一期的主题开始,《人生的选择》《极限打工》《聚商之路》《了不起的消防》《环境保卫战》等等,分别聚焦了当下社会普通人正在面临的问题。明星根据自己的选择,需要在一至两天内到达全国的多个城市完成任务;明星分别在不同的岗位体验工人、农民的生活;明星以少量的创业资金做自己想做的生意,盈利的资金作为慈善;明星深入消防部队,体验消防队员的生活;明星模拟全球气候变暖场景……这些都是更贴近普通老百姓的难题,是很多家庭都面临着的现状。因此,这类节目能给予不同职业、不同身份的"家庭"受众认同感、认可感，从而将这些"家庭"受众变成固定收视群。

其次，电视节目在形式上包容化，使得节目既吸引年轻群体，又获得中老年群体的喜爱。例如湖南卫视的《我是歌手》，邀请7位已经出道的实力派歌手分别演唱歌曲，然后由场外挑选的不同年代的普通观众投票，对歌手进行排名以及淘汰。这个节目创新了传统音乐竞技类节目的模式，将"素人选手＋明星评审"的传统竞技方式转变成了"明星选手＋大众评审"。年轻受众喜欢新奇、刺激的事物，容易被节目新颖的规则所吸引；而节目中新老歌手通过改编，以新的唱法重新演绎老歌，容易勾起中老年受众的回忆和思绪。再比如浙江卫视的《奔跑吧兄弟》，节目展现固定主持与嘉宾们分组，在户外完成任务的全过程。一方面，节目中嘉宾们紧张刺激探险的剧情设置，正好对上了年轻群体的口味。另一方面，节目组每一季的7位固定主持，大部分都是演员，这对作为电视剧受众主力军的家庭妇女而言较为熟悉，而使她们愿意看这些明星参加的节目。

最后，在播出方式上，视频网站取得版权并不意味着能和电视台同步直播。一个节目正版资源在网络上的释出，往往是电视节目直播结束以后。电视台斥巨资推出的节目，通过新媒体宣传、造势，再凭借其优良的制作吸引大众，目的就是为了让受众打开电视收看节目在第一时间获取节目的内容。例如综艺节目《极限挑战》，东方卫视的直播时间是每周日晚上21点，但是独播视频网站优酷更新的时间却是在第二天的0点；电视剧《欢乐颂》，东方卫视的直播时间是每天19点35分，视频网站更新的时间却是第二天的0点。这中间的时间差，会让大众对节目内容充满好奇，不会选择各自在较晚的时间通过新媒介观看节目，而是直接聚在一起守在电视机前观看直播。

（二）充分挖掘电视作为休闲媒介的传播特性

互联网的交互性、搜索功能一直被视为是终结传统媒介的"绝技"。但人们在享用媒介时是否永远都追求高参与度呢？答案显然是否定的。"沙发上的土豆"诚然是对电视观众接受状态消极面的比喻，但张弛有度的道理亘古不变。电视作为休闲媒介应放大"休闲"这个功能，满足受众纯粹休闲放松的需求。北欧一些国家出现的催眠频道正是这一理念的实践方式之一。充分挖掘电视的休闲功能，针对不同年龄层次、地区的观众，可以实施不同的节目策划策略。

根据《2016年中国互联网络发展状况统计报告》的相关数据，截止到2016年底，在我国网民城乡结构的构成比例中，城镇网民占72.6％，农村网民占27.4％，城乡比为2.65：1，而2015年的城乡比为2.52：1。由此可见，我国网民的城乡差距还是较为悬殊的，并且这一差距并没有减小的趋势。因此，对于电视媒体而言，农村观众便是可以争取的一个受众群体。针对农村观众的生活环境、收视需求，电视节目应该着重开发农村观众熟悉和喜爱的节目形态,重点关注农村观众的休闲娱乐需求。然而遗憾的是,目前我国针对农村受众的电视节目无论从数量还是制作水平方面都无法与应有体量相称。根据 2010 年央视组织的相关调查数据显示,"目前我国农村观众占观众总数的 49.18%。也就是说,当前我国电视观众构成中仍有一半为农村观众"[①]。然而,"在全国电视节目年播出总量 1 500 多万小时中,对农电视尚不到 1%,就连我国规模最大、节目数量最多的央视七套农业节目,播出量也仅占央视总量的 2.4%"[②]。薄弱环节同时也意味着新的增长点,当下的一些涉农节目已经从传播观念和传播策略上进行思考与转变,不再将农民预设为知识层次较低、需要教育的对象,节目内容方面也从单纯的经济致富信息拓展为题材更为多样化,叙事方式更为生动的各类型节目。在未来的发展趋势中,我们完全可以想象涉农题材的真人秀娱乐节目等将会是电视节目形态新的增长点。

中国网民城乡结构

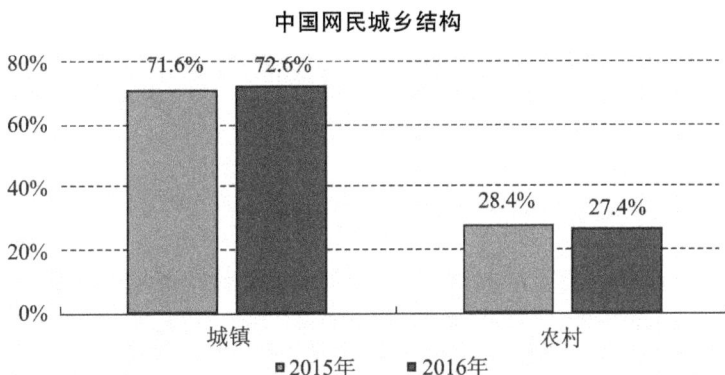

另外,根据相关数据统计,互联网使用人群在年龄分布上也存在着十分不平衡的情况。根据 2016 年底的统计数据,在中国网民中,20～29 岁的人群所占比例最高,其他年龄层次的分布情况由多到少依次分别是 30～39 岁,10～19 岁,40～49 岁,50～59 岁,60 岁以上及 10 岁以下。根据这一分布情况,电视从业者可以将目标受众主要设定为 50 岁以上人群和 10 岁以下人群。年龄偏大的观众由于接受信息的习惯以及对新媒介使用方式的不熟悉,造成网民比例并不高;而少儿观众则由于学习压力或不具备自主选择媒介的能力与权力也造成了比例的低下。无论是何种情况,这两个年龄层次的观众更偏好参与度相对较低,不需要自主操作与选择的电视媒介是不争的事实。针对这样的情况,电视节目从业者应当重视少儿节目与老年节目的研发。尽管这两类人群的购买力水平不高,并不是广告主所偏爱

---

①　徐立军,王京.2012 年全国电视观众抽样调查分析报告[J].电视研究,2013,(2):13-17.

②　傅玉祥,范宗钗.对农电视的困境与突围[M].北京:中国广播电视出版社,2011:65.

的目标受众,但是这两类观众在家庭中的核心地位是毋庸置疑的,其对其他家庭成员的影响力和带动力是较大的,因此这两类观众仍是有价值的目标受众。对青壮年观众来说,电视应该提供尽可能使他们能获得休闲娱乐享受的节目,营造轻松舒适的观看氛围,使他们在紧张的工作之余能从观看电视活动中得到休息和放松。

中国网民年龄结构

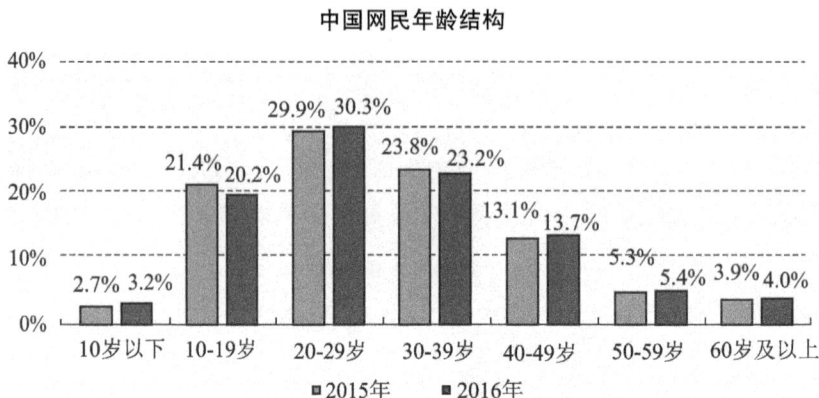

二、电视节目形态创新必须与互联网深度合作

近年来,互联网的发展有目共睹。在英国,互联网广告收入已经超过电视,成为真正意义上最强势的媒介。在中国,尽管截至目前,电视的广告收入在各媒体中的排名仍处于第一,但互联网超过电视的未来图景几乎已经近在眼前。从相关统计数据中,我们可以看到,从 2006 年到 2016 年,中国的网民数量和互联网普及率都有了成倍的增长。面对这个不容小觑的后起之秀,最明智的选择便是与互联网进行合作。目前,中国电视业与互联网已在多个方面合作,从微观角度看,近年来出现的不少节目都以网络名词命名,如上海电视台娱乐频道的《陈蓉博客》,湖南卫视的《帮助微力量》等。这些节目利用互联网所长的贴合潮流信息,加上电视的把关能力取得了不错的收视效果。从中观角度看,2009 年成立的中国网络电视台等IPTV 交互式网络电视以网络传播为介质,以计算机或装置了机顶盒的普通电视机为接收终端,向用户提供视听以及网上浏览、在线服务、娱乐、商务等活动。从宏观角度看,电视应该深刻理解互联网思维,吸收互联网思维中能为其所用的部分,与互联网开展深度合作。

(一)汲取包容与多元的互联网文化内涵

在新媒介生态下,文化的传播与交流越来越方便,主流文化和各种非主流文化互相碰撞与磨合。如近几年来,"二次元"这个小众的亚文化名词,一跃进入主流文化的视野。广义上来说,"二次元泛指动画、漫画、游戏、小说、虚拟偶像以及其衍生同人创作及周边产品等。"①电视剧可以结合二次元文化的特点,融合在剧情中。以《琅琊榜》为例,其原作就是同性恋题材小说,属于泛二次元文化,这个身份已经让它在很多读者中间有了一定的知名度。原作改编成电视剧之后,情节发生了很大幅度的改动,包括删去了主要的同性恋内容,加入异性恋角色等。电视剧的《琅琊榜》将同性恋情改编成了兄弟情,但两者之间的对手戏保留甚多,并不影响泛二次元人群的观感。电视剧以紧张刺激的、具有大量矛盾冲突的剧情情节吸引观众观看;同时,利用"二次元"元素吸引年轻受众,迎合了不同年龄与性别成员的口味。

在电视综艺节目加入"二次元"元素,也能增加节目的看点和效果。比如在后期制作中,置入具有明显二次元特质的背景音乐、音效、表情包以及特效。《奔跑吧兄弟》第二季的一期借经典日漫《圣斗士星矢》作为片头,还有《极限挑战》中加入了《进击的巨人》等配乐。年轻受众偏爱节目中的二次元音乐、音效,能从中找到乐趣;而中老年受众接触到对他们而言相对新鲜的二次元表情包与特效,满足其娱乐性需求。二次元文化大量深入我国电视节目制作,能够使年轻观众群体开始回流,改变传统电视媒体受众老龄化现象。

除"二次元"文化以外,电视媒体对其他网络文化内容的吸收与使用也能拓展电视节目的表现题材,吸引更广泛、更年轻的受众关注电视节目。

(二)借力互动与便捷的互联网传播方式

国内IPTV的发展虽然从2009年就已经起步,但值得注意的是,IPTV目前还只是一个回看和点播平台,为其量身订制的节目还缺乏较大影响力。应该说,从互联网蓬勃发展中感受到危机和机遇的媒介不单是电视,相较之下,报纸的生存压力更大。例如《常州晚报》等报纸采用二维码技术拓展阅读方式,使读者用手机扫描报纸上的二维码就可以看到新闻的相关视频。这些做法或许可以看做是全媒体时代已经到来,但想从更高层次上与新媒介结合,仅让新媒介成为传统节目形态的播出平台还是不够的。

在这个方面,湖南卫视芒果TV的探索值得我们思考和学习。2014年4月,湖南卫视整合了其下属的两个新媒体平台——"金鹰网"与"芒果TV"。改组后的"芒果TV"实施了"芒果TV独播战略",借势推出具有话题性的明星真人秀节目《花儿与少年》,取得了开门红的好战绩。此后相继推出的《爸爸去哪儿》《真正男子汉》《我是歌手》等现象级真人秀,持续为芒果TV带来可观的流量。老牌综艺《快乐大本营》《天天向上》以及《变形记》等为芒果TV提供了稳定的受众群,构建了基本流量。

① 丁爱平.二次元:传统电视发展的下一个风口?[J].视听界,2016,(2):71-74.

除了实施"内容为王"的决定性战略之外,芒果 TV 也十分注重传播平台的搭建。"芒果 TV 与凤凰卫视合作,将原有的 6 个频道拓展到 12 类,独享其 12 档优质资源;与华谊兄弟合作,互换影视资源,建立华谊内容专区;与乐视 TV 互换数百部电影、电视剧的版权等等。"①此外,芒果 TV 还拓展了游戏平台,成立"快乐芒果互娱科技有限公司",以自制的电视剧和热门综艺情节为原型开发手机游戏,"爸爸去哪儿"等手机游戏上市后成绩不俗,迅速占据各大游戏排行榜前几位。

在接收终端方面,芒果 TV 与长虹、三星、TCL 等彩电行业巨头联合开发智能电视一体机。在一体机的"芒果 TV"专区,观众既可以通过购买基本服务来收看有线直播节目或部分点播节目,同时,也为观众提供 VIP 服务,贵宾客户可以随时点播收看电影、最新电视剧等优质内容。此外,芒果 TV 还与百度、清华同方、华为等电子产品生产厂商联合,推出芒果嗨 Q、芒果派、云罐等机顶盒供普通电视机用户选择。芒果 TV 还与联通、移动、电信三大运营商合作,以视频点播、包月订购等方式进行视频、动漫、文学、音乐等增值服务,也同样取得了很好的效果。

总结芒果 TV 的互联网战略,其通过打造"内容＋平台＋终端应用"的产业格局,获得了亮眼的成绩。"2016 年,芒果 TV 手机 APP 下载数量达 2.6 亿,日均活跃用户激增至 3 900 多万,互联网用户激活数据也有了 2 500 万,占据了全国 OTT 市场三分之一的份额,实现了集多种表现形式和传输手段于一体的融合发展。"②

(三)依托互联网数据开展更精细的受众调查

近年来,"微电影"的出现暗示电影在充分发挥大银幕优势的同时,也开始创造适于新媒介传播的新形态。同样,互联网的强盛也使电视产业链得以延长。未来电视节目形态创新的出发点应该体现为不同终端、不同受众个性化订制的特点。换言之,要弄清楚是谁,在何种场合,用何种接收设备收看节目? 以新闻为例,未来电视新闻节目的形态还会继续细化,当新闻经互联网传播由手机终端收看时,必须注意网络搜索功能可以将同主题的节目同时提供给观众,"新鲜性"、"贴近性"等传统的新闻价值点已经不能成为新闻节目获得高收视率的唯一法宝,同质化节目将没有生存空间。至于传统的受众调查中,仅按年龄、性别、受教育水平等基本信息分类的方式可能因粗放无法真正掌握每个受众的个体特征。未来的收视率调查将进一步引入性格、爱好、观看经历等更为灵动和个性化的内容,以满足特定人在特定场合的特定需要,甚至是他们自己都不一定意识到的潜在需要。近年来"大数据"被运用到各个生产领域,发挥了巨大作用,在电视节目生产中,这一新生事物

① 刘胜男.湖南卫视芒果 TV 的互联网布局[J].中国传媒科技,2014,(11):36-38.
② 贝楠.中国传媒改革的"芒果 TV"现象[J].南方电视学刊,2017,(1):108-109.

的力量值得挖掘,本章下一节将专题讨论"大数据"在我国电视节目生产中的运用。

第三节　"大数据"在中国电视节目生产中的运用

2013年,一部号称"算"出来的电视剧《纸牌屋》在全球范围的走红,让"大数据"开始进入普通民众的视野。事实上,"大数据"这一概念有广义和狭义之分。广义的大数据概念,除了大数据技术及其应用之外,还包括大数据工程和大数据科学。狭义的大数据概念,"主要是指大数据技术及其应用,是指从各种各样类型的数据中,快速获得有价值信息的能力,一方面,强调从海量数据、多样数据里提取微价值,即具有价值特征;另一方面,强调数据获取、数据传递、数据处理、数据利用等层面的高速高效,即具有快速处理特征。"[①]"大数据"应用的核心是预测,利用这一优势,它被广泛应用于商业、政治、社会、文化等领域。

虚拟网络的迅速发展与网络的极速社会化,共同促使了"大数据"的流行:一方面,虚拟网络迅猛发展,人与人之间连接成一种新的社会关系,即虚拟社会关系,如Facebook、Twitter、YouTube、微博、淘宝等,直接、迅速地占据了人们的现实生活,使人们不断在网络社会中投入时间、精力,虚拟社会关系得以形成、扩散、巩固,并通过更多的虚拟网络行为持续加深,这些海量的虚拟行为都被记录在案,虚拟网络由此生成海量数据的"基地",为海量数据的持续生成提供空间;另一方面,云计算、物联网、移动互联网、社交网络、电子商务、网络社区、即时通讯等技术的涌现,使现实世界快速切换到网络社会形态成为了可能,自此衍生了规模巨大、类型多样的数据资源。

一、"大数据"在传媒领域的应用情况

"大数据"作为新兴技术,以强势姿态介入相对传统的文化产业。传媒业首当其冲,于是一股"大数据"的浪潮给本已处于震荡中的传媒行业又带来一次不小的冲击,但同时也带来一份希望。随着社交媒体的兴起以及移动端的普及,公民新闻渐盛,新闻日趋呈现"碎片化""扁平化",打破了传统新闻媒体对新闻生产及传播的垄断地位,空前稀释了传统媒体的影响力。在温州动车事故中,以微博为代表的社交媒体发挥了巨大的威力,不仅现场直播了整个事故的全过程,消息发布甚至比官方媒体还要早、还要细致,最大限度地还原了事故的全貌,帮助相关部门及时开展救援工作。在这种新媒体渐盛、传统媒体式微的形势下,社交媒体颠覆了传统新闻

① 　钟瑛,张恒山.大数据的缘起、冲击及其应对[J].现代传播,2013,(7):104-109.

的生产模式及传播格局,引发传统媒体的生存危机。

然而,"大数据"却开创了一种全新的信息生产和传播方式,信息的内核由消息本身向数据方面转移,这就要求传媒从业者以全媒介思维和手段来进行信息传播。而"大数据"的门槛也不似社交媒体那般"亲民",数据的搜集、处理,继而整合为大数据库,需要强大的技术支撑和雄厚的资本投入,这些都是普通网民甚至是自媒体团队所无法企及的,而传统媒体却可凭借掌握的数据资源来发展数据驱动新闻,保持其在新闻品质和专业水准上的领先地位。同时,针对当下社交媒体泛滥、信息过剩,受众寻求高品质、确定性信息的现状,一些传统媒体如《纽约时报》《卫报》等老牌报纸利用大数据挖掘技术,推动新闻向"利基化""纵深化"发展,由此看来,"大数据"将成为传统媒体对抗社交媒体,并推动业态升级的重要推动力。

此外,"大数据"也成功应用到电视节目生产中,其中最成功的当属那部风靡世界的《纸牌屋》了,这部剧也让"大数据"开始进入公众视野。强大的制作团队以及豪华的演员阵容,固然是这部剧成功的重要因素,但更值得一提的是它的宣传噱头:《纸牌屋》是一部真正意义上"计算"出来的剧。它的制作方 Netflix 从提供在线影片租赁,成功转型到提供流媒体播放器服务。Netflix 订阅用户可以观看其平台上的任何资源。于是,平均每天在 Netflix. com 上就会产生 3 000 多万个行为,比如用户观看节目时的暂停、回放、快进、回放等。Netflix 用户每个季度总共会看大约 40 亿小时的节目,平均每天还会产生 400 万条评论、300 万次搜索请求(询问剧集播放时间、演员阵容、导演、编剧等),以及不可计数的用户好友推荐。这些每日持续生成的细碎但巨量的个人记录,通过"大数据"手段被整合成庞大的用户数据库,为节目内容的生产提供强有力的决策支持。

对此,一些国外媒体已经进行了一些成功的尝试。英国广播公司 BBC 长期关注大数据技术及发展动向,把以受众为基础的实时数据分析应用到电视生产的各个环节,包括节目定位、内容生产及市场营销、推广等。大数据技术已经广泛应用到一些真人秀、访谈类节目中。BBC 整合来自社交媒体的巨量数据信息并进行实时分析,在节目现场直播中根据观众在社交媒体上的反馈来决定节目发展的动向。对于节目中观众反响强烈的部分,会进行相应调整。比如对观众热议的某些话题和喜欢的部分,会适度延长该部分的播出时长;反之,如果观众反馈冷淡,则会适度缩短。

除了综艺等市场化程度较高的节目类型,大数据技术也渗透到新闻节目生产的流程中。印度有一档反映社会热点问题的新闻访谈节目《Satyam ev Jayate》(真相访谈),该节目在播出第一季就反响火爆,不仅吸引了 4 亿多本土观众,更有约合 12 亿观众通过视频网站、YouTube、Facebook、Twitter 以及移动终端观看该节目,超过 800 万的观众通过 Facebook、官网留言、邮件、短信、电话等方式来参与节目互动,每周新增评论超过 10 万个。栏目组借助自动化分析系统 Persistent System 及数据分析团队,对接收的海量信息进行大数据挖掘分析,对公众关注的话题进行热度排序。同时,在节目直播的时候,节目组会在广告时间查看 Twitter 上观众的即时评论,并根据这些反馈对播出内容做出实时的调整,以迎合观众的需求、偏好,从而收获更多的受众互动。这档节目运用数据手段来进行选题策划、调整节目进程及走向。凭借大数据分析报告的强大说服力,该节目甚至影响到国家政策、法律的制定及修改。

二、"大数据"在中国电视节目生产中的应用形式

在我国,"大数据"也被利用在传媒领域的各个方面。就视频节目的生产而言,"大数据"在其中有如下几种应用形式:

(一)数据新闻节目的雏形

"大数据"与新闻的结合就是数据新闻,也称为数据驱动新闻。"数据新闻就是通过各种技术软件抓取、筛选和重组等手段来深度挖掘数据,运用可视化的手段来呈现数据(包括可视化数据图、互动图表和网络在线演示等)并合成新闻故事。"[①]简单来说,就是用数据来表现新闻,从数据中挖掘新闻。"大数据"已渗透到电视新闻生产的重要环节,运用"大数据"来进行电视新闻的策划、制作与播出。如运用"大数据"来搜集电视新闻线索,组织新闻叙事,挖掘新闻价值,提高新闻选题的精准性和时效性。"大数据"在解构传统电视新闻生产模式的同时,也推进了电视新闻生产向"数据化"方向发展,"大数据"强化了电视新闻的传播效果,使得新闻选材更精准、高效。大数据时代,电视新闻节目中信息图表式新闻及预测性新闻渐成趋势。英、美等国已进行了一些较为成功的尝试,如《纽约时报》网页上发布的名为《Snow Fall》(雪崩)的多媒体报道,结合文字、影音和视觉化数据进行深入报道,带给读者全新的阅听体验。而我国在数据驱动新闻方面的探索相对较晚,但已初见雏形。

十八大之际,全国新闻战线积极响应党中央"走基层、转作风、改文风"的号召,纷纷开展"走转改"活动部署,中央电视台值此推出精品电视新闻节目《数字·十年》,旨在制作有趣、平实又有深度的新闻节目。该节目自播出以来,反响热烈,网络点击率超过百万。《数字·十年》改变了以往官方资讯类节目一贯沉稳庄重的播报风格,在节目中呈现大量简洁直观的可视化数据,辅之以通俗平实的语言风格和生动有趣的动画表现,使人们对新闻节目产生了质的改观,也为我国新闻节目的发展开辟了一条新路。《数字·十年》中将抽象的内容具体化、数字化、故事化,使数

---

① 史安斌,刘滢.颠覆与重构:大数据对电视业的影响[J].新闻记者,2014,(3):52-56.

据变得可视可感,用小数字、小图表、小细节来折射大时代社会面貌。形象的信息图表让抽象繁杂的数据变得清晰可感、通俗易懂。

2014年1月25日,央视携手百度推出《晚间新闻》"据说春运"特别节目,首次采用百度地图LBS定位的可视化大数据,来播报国内春节人口迁徙情况。通过大数据的收集、处理、分析,将中国春运大军怎样仅用30年时间,就从1亿人次激增到36亿人次的人口迁徙情况,以可视化效果呈现在电视屏幕上,给每一个观众带来最直观的感受。借助百度迁徙数据和搜索排行榜,将其用于新闻内容的策划中,观众们也对这种运用数据可视化技术来播放新闻的方式感到十分新奇。随后《晚间新闻》又推出"据说春节"特别节目,每天用数据解读"恐婚族"、"回娘家"等春节热门话题,而《新闻联播》也在除夕夜和大年初七两天重点播报了基于百度大数据分析的"数据说春节"板块,收获好评如潮。从节目的形式和内容来看,央视从数据中挖掘新闻的水平越来越成熟,呈现给观众的内容也更加丰富有趣。

(二)运用"大数据"进行电视节目的内容策划与生产

"从受众洞察、受众定位,到受众转化,每一步都由精准、高效的数据引导,从而实现大众创造的C2B,即由用户需求决定生产。'大数据导向'将会成为未来内容生产和影视制作的主流。"[①]

1. 运用"大数据"来定位新节目

整合大数据资源,窥探受众最真实需求,以此来定位、策划制作全新类型的节目,能有效避免同质化类型节目"扎堆",有力提升视频节目的创新性,又能精准直击用户需求,减小节目投资风险。《中国好声音Ⅱ》是一档应用全媒体思维来运作的歌曲选秀节目,其节目中或刻意或无意制造的亮点及槽点,曾多次登上新浪微博的热门话题,一时成为全民热议的焦点,大量碎片式的用户信息构成了海量的数据资源,为节目制作方提供了全新的思维和更多的选择。搜狐视频通过自身数据平台及百度热搜榜发现,随着重要比赛环节的临近,受众对某些学员关注度非常高,有关其背景、绯闻等话题都在网上引发了大量争议和讨论。搜狐基于对这些数据的整合分析,策划了一档《好声音》的衍生节目《酷我真声音》,主持人直接向焦点学员抛出各种基于数据搜索的热门问题,在节目中学员直接向观众解答他们关注的热点问题,这种明星学员与粉丝之间的互动,也对继续炒热网络热门话题起到了推波助澜的作用。

2. 运用"大数据"策划节目内容及调整节目走向

网络脱口秀节目《晓说》为优酷自制节目,每期谈论一个热门话题,意在打造视频化的高晓松专栏文章,像其他网络自制节目一样,《晓说》不仅重视其传播方式的

---

① 范洁.大数据在视频行业的应用与启示[J].中国广播电视学刊,2013,(7):15-16.

互动性,在节目制作方式上也是如此,每期节目话题都会提前在网上公布,与网友进行互动,并根据网友的反馈来制定节目内容,如《晓说》第二季第 22 期至第 27 期的《东瀛日本》,就是通过对网友巨量的评论和反馈来分析制定出来的。此外,节目摆脱了电视媒介单向传播的缺陷,即时与受众互动,具有极强的时效性。《晓说》制作方可以根据网友的讨论和反馈来即时调整节目形式及内容,并快速直接地在节目中呈现。

3. 借助"大数据"优化完善后续节目内容

优酷原创自制剧《嘻哈四重奏》第一季上线时,反响平淡,优酷团队基于其日常收集的数据,重新对该剧进行审视和改造,通过一系列数据分析,发现《嘻哈四重奏》第一季受众群体主要为白领,且热衷于"植物大战僵尸"等小型社交游戏,因此创作团队在后续的剧集中融入了"植物大战僵尸""欢乐斗地主""愤怒的小鸟"等流行游戏的元素。剧集内容在此基础上调整之后,《嘻哈四重奏》第二季逐渐受到网友关注,随后播出的第三、四季都好评颇多。

(三) 运用"大数据"为电视节目提供个性化营销

如何建设自身以协助受众,从庞杂的视频库中迅速搜索到受众真正需要的资源,精准预测受众的实时需求,直接推送给其想看的视频节目,是当下视频行业亟待解决的问题。解决这一问题的途径之一,是运用"大数据"技术,把繁杂、价值密度低的海量数据凝结成视频用户相关信息,进而实现有针对性的个性化营销,推送用户真正想看的视频。

以腾讯视频为例,腾讯坐拥庞大的用户资源,利用其强大的平台优势,通过大数据分析技术,深度挖掘受众喜好及观看习惯,以此为基准来构建自己的视频资源库,从而实现将用户需求与视频资源的精准匹配与对接。腾讯整合腾讯 QQ、腾讯微博、腾讯视频、Qzone、微信等自家多个平台上的数据资源,通过大数据分析得出:35 岁以下的年轻受众使用 PC 端及移动终端观看视频的比重很大,且这个观看群体更偏爱格调轻松的都市题材剧集,因而腾讯视频为吸引这部分使用 PC 端及移动终端的主力群体,适时推出"恋爱季"系列剧集,如《爱情公寓 3》《爱情闯进门》《爱情从告白开始的》等,其题材多是都市情景喜剧或青春偶像剧,演员多是年轻观众喜爱并熟悉的新晋明星,受到年轻受众的热捧,"恋爱季"系列作品的点击量纷纷破亿。同时,"大数据"分析报告还显示,这部分群体在零点以后的视频网站活跃度仍然很高,因而"恋爱季"大部分作品选定在每日零点更新剧集,迎合目标受众的观看习惯,提升剧集的营销效果。

除此之外,视频网站还会使用"智能推荐"来提升视频的营销效果,"智能推荐"是建立在大量用户行为分析与庞大视频资源基础上的,通过对用户以往观看行为的数据挖掘,预测用户实时的喜好及需求,在用户观看完主动搜索的视频资源后,为其推荐契合用户喜好的相关视频。"智能推荐"是运用"大数据"为视频节目提供个性化营销的一种实践,通过智能推荐,能让目标用户更容易发现内容、看到内容,获得更好的观看体验,实现视频网站精准营销的目的。

与"智能推荐"类似,视频网站也可以运用"大数据"整合海量的视频资源,根据用户搜索的主要关键词来设定视频标签,提高受众自行搜索视频的效率,同时将不同标签组的视频整合在一起,便于用户通过"兴趣订阅"来订阅想看的视频。

三、"大数据"应用于中国电视节目生产的积极意义及应注意的问题

将"大数据"应用到视频节目的生产中,是一把双刃剑,一方面"大数据"给电视节目的生产带来一种全新的思维,但同时,以中国目前的实际情况,应用"大数据"还存在着一些挑战。

(一)视频节目应用"大数据"的积极意义

将"大数据"应用到新闻节目生产中,以众多民众构成的"大数据"作为新闻生产的驱动力,实际上是允许公众参与到新闻生产中,是一种回归受众、尊重受众的趋势,同时以数据驱动新闻节目生产,也客观上重塑了新闻专业主义,在一定程度上弱化了潜网效应。同时"大数据"应用于视频节目制作中,还能有效避免同质化节目泛滥。

1. 对数据新闻节目实践的思考

首先,将大数据应用至电视新闻,体现了大数据时代对受众新的洞察,即回归受众,尊重受众,增强互动。以往,新闻生产的过程是封闭的,是不允许公众干预或参与的,在此层面上,受众在传统新闻编码上的话语权被媒体压制。而在大数据时代,受众的意愿不再可有可无,受众完全可以用新闻评论等方式来表达自己的真实意愿,而这些反馈、评论也会成为大数据资源的一部分,被专业数据分析人员用以数据挖掘。这种包含舆论成分的意愿如果佐以数据,则具有强大的说服力与影响力,本身就富含新闻价值。数据新闻放大了新闻的信息属性,移动终端取代了传统摄像机之类的信息采集终端,每一个人成为数据化单位,个性化的数据记录则由App来完成,就这样,个体无意之间变成了新闻生产的参与者。

数据驱动新闻赋予公众解读新闻的权利,因为公众对数据的解读本身就构成新闻生产的一部分。"如央视曝光东莞色情行业的新闻,当百度用可视化工具将东莞的人口流量呈现出来时,公众在微博和各种自媒体账号上进行热议,公众的解读热情被释放出来。当数据被解读成一个一个故事,就会激发公众解读新闻的热情。"①

---

① 胡泳,郝亚洲.新闻的迁徙[J].IT经理世界,2014,(5):79-80.

其次,数据新闻节目重塑了新闻专业主义,一定程度上弱化了潜网效应。传统的新闻节目生产通常是被限定在特定的专业组织内部,社会公众几乎没有机会直接参与新闻生产过程。虽说专业性组织内部的新闻生产具有一定的自主性,但作为对"现实"的再生产,其很难摆脱社会语境的局限。另外,新闻记者作为个体,对于事物的观察也会不可避免地受制于个人的视野与立场,使之报道不够全面、充分、客观,可能会对客观事实的理解产生偏差。

同时,权力组织新闻生产的介入和控制无处不在,官方政府机构为传媒组织提供可靠稳定的新闻来源。"这种'不平衡'的关系使得新闻无法完全站在客观、中立的立场去陈述观点。因为新闻生产组织依赖于'国家'力量、依附于权力机构、受制于权力组织。在这种背景下,新闻生产是一种偏向于权力的倾向性生产。"[1]而"大数据"重塑了新闻专业主义标杆,数据是世界的真实映射,大数据的收集、统计是自动化的,分析是智能化的挖掘。专业新闻媒体基于大数据的分析报告会更加全局、客观和直观,使其报道水准得到有效的提升,最大限度弱化业内潜网、权力机构、社会建构对新闻报道的挟持,以扎实的全数据信息构建更为全面、真实、客观的新闻电视节目,从而也为报道的深入提供了基础。

2. 大数据能有效避免同质化节目泛滥

中国传统电视节目制作,往往存在一种"跟风"现象,即一旦某种节目类型火爆之后,很快会有山寨模式竞相出现,形成"同类型扎堆"现象,从而将每一种类型剧集的生命力在最短时间内消耗殆尽,自此走向恶性循环。

以大数据思维来进行电视节目的内容制作,能有效脱离盲从与跟风,一定程度上避免了电视剧扎堆造成的资源浪费。将"大数据"引入视频节目制作,找出观众的喜好和需求,挖掘出市场现存的空白点,依靠受众的反馈进行节目的筹备、策划、营销,这样才能创造新的热点并引领观众。

(二)视频节目应用"大数据"面临的挑战

"大数据"给视频节目生产带来一种新的思路,但同时也带来了一些问题,完全以数据迎合受众的喜好,会陷入过度商业化的泥淖,引发节目质量品味降低。而我国现阶段的技术水平和人才配置的局限,也使得我们在相当一段时间内,还无法完全实现数据驱动内容的节目生产模式。

1. 防止过度商业化,潜在剥夺亚群体话语权

大数据与视频行业的结合存在着盈利模式单一化趋向的忧虑。我国网民的普遍素质还有待提高,单纯迎合网民的喜好、品味,容易使视频题材过度商业化且品味偏低。同时,我国视频节目生产赖以导航的大数据源,呈现较明显的阶梯化分

---

① 张涛甫,项一嶔.大数据时代的传统媒体突围[J].新闻记者,2013,(6):32-36.

布。一般来说,"频繁观看视频且习惯网络购物的群体主要集中在 20～40 岁的都市有产人士,超出这个年龄段,以及知识水平、财力水平有限的人都很难进入大数据的统计范围。虽然这部分有消费能力的群体足以支撑视频创作的需求,但更大的群体却被大数据分析技术给忽略了。尤其是农村和次发达地区,他们在大多数时代只能被动接受城市有产群体的价值判断而无从选择"①。这种有选择的"大数据"孕育下的视频节目,在一定程度上剥夺了社会亚群体的话语权,其中塑造的社会边缘人群形象,也可能仅是社会主流群体对其的表征。

2. 缺乏数据的积累和应用,不可盲目使用大数据

首先,我国目前缺乏专门系统的数据分析人才和系统的数据分析方法,同时我国专业技术人员分析大数据的能力还有待提高,目前在从海量数据中快速挖掘出核心可用价值的方法和能力方面,还存在明显不足。大数据意味着持续生成的海量信息,然而我国现在与之相关的技术发展与创新却跟不上大数据新陈代谢的速度,目前还缺少可靠的甄别手段和高效的整理方法,如果盲目使用大数据,极有可能会被数据误导,作出错误的决策。

其次,"目前我国在数据真实性、可靠性等方面保障能力较为薄弱,如何确保数据驱动的信息产品质量成为制约媒介行业的一大难题"②。在中国,目前来自社交媒体的海量信息,其中相当一部分都来自僵尸粉和水军,得到数据的价值被大大稀释,直接影响最终数据分析报告的有效性和准确性,从而影响数据导向的决策生产。

最后,大数据应用于视频节目制作面临的最大挑战还来自于国内的数据分析习惯没有形成,一方面,国内仍以收视率为评估电视剧的首要指标,另一方面,由于在国内,精准的数据分析始终未能纳入影视剧投资成本,而应用大数据来筹备一部剧,需要大量的成本持续投入,一般的企业负荷不了。

总之,在陈旧的电视思维面前,拥抱大数据不是简单地建立官方网站、微博、微信,将传统方式生产出的内容移植到新媒体平台,而是将来自于互联网的大数据与自身原有的统计方式结合,把大数据挖掘出的海量信息作为消费者洞察和内容生产的独特视角与内容储备,从而更新整合业界资源,为己所用。

---

① 蔡爽. 大数据搭起的《纸牌屋》[J]. 中国新时代,2014,(2):94-97.
② 钟瑛,张恒山. 大数据的缘起、冲击及其应对[J]. 现代传播,2013,(7):104-109.

余论:对当下电视文化节目热潮的思考

进入新世纪以来,各类娱乐真人秀节目的轮番走红成为我国电视荧幕的一道奇观。热点从最早由《超级女声》引领的"草根选秀"逐渐流转为近年来如火如荼的明星真人秀,出现了《爸爸去哪儿》《奔跑吧兄弟》等不断刷新收视纪录的现象级栏目。无论是使"草根"一夜成名的前者,还是借游戏情境将"明星"还原为普通人加以考验的后者,这些节目所呈现出的整体特征便是纯娱乐的"作秀"。因此,尽管这些节目收视成绩不俗,但其间流露出的庸俗倾向却受到了来自官方、学者及民间的批评。2011年10月,广电总局颁布《关于进一步加强电视上星综合频道节目管理的意见》,广电总局颁布的这一意见,"针对的是电视娱乐节目中备受诟病的婚恋交友、情感故事、游戏竞技、访谈脱口秀等几类节目,被许多媒体视为'限娱令'"①。"2013年7月,广电总局颁布《关于进一步规范歌唱类选拔节目的通知》,同年11月又下发《关于做好2014年电视上星综合频道节目编排和备案工作的通知》,被外界称为'加强版限娱令',《通知》对各电视台播出的节目进行了限制,每家卫视每年新引进版权模式节目不得超过1档,卫视歌唱类节目最多保留4档。"②"2015年7月22日,广电总局发出了《关于加强真人秀节目管理的通知》,指出当下真人秀节目中存在诸如盲目引进境外模式,'靠明星博收视'等问题。"③短短五年内,广电总局连续颁布了"限娱令""限唱令""限真令"等各类政令对电视真人秀节目进行整顿。来自学界及民间的反响同样强烈,各界普遍认为此时的电视荧幕被大量"有意思、无意义"的过度娱乐化的节目占领,这样的怪相必须得到遏制。

一、当下热门电视文化节目的整体特征

正所谓"不破不立",在一批节目被禁止和抵制的同时,我们不得不思考:中国电视节目的转机与变革应当朝着哪个方向进行? 实际上自2013年始,《汉字英雄》、《中国汉字听写大会》、《中国成语大会》等电视文化节目便悄然登上地方卫视和央视的荧幕。尽管没有轰轰烈烈的造势,也没有明星炒作的卖点,但这一批节目

---

① 胡兆燕.限娱令:以整顿的名义引领创新[N].中国财经报,2011-11-10(6).
② 丁薇."限唱令"之后:娱乐节目也公益[N].中国艺术报,2013-11-15(4).
③ 赵翌,张强生.素人真人秀《我们15个》创作策略评析——兼议"限真令"后我国电视真人秀的发展方向[J].艺术百家,2016,(4):237-239.

在播出了一段时间后却凭借口碑传播具有了较高的收视率及社会关注度。尤其在近一两年，除了竞赛式的"成语大会""诗词大会"，电视文化节目群落中还出现了如《见字如面》《朗读者》等更为丰富和新颖的形式。《中国诗词大会》及《朗读者》的主持人董卿也因其在这两档节目中富有内涵的出色表现获得了其作为春晚主持人之外的另一种赞誉。甚至因为此类电视文化节目的热播，相关图书出版物也纷纷登上畅销榜单。

考察此次的电视文化节目热潮，出现了这样一些主要类型：以"中国汉字听写大会"、"中国诗词大会"为代表的知识竞赛类型；以《见字如面》《朗读者》为代表的文学作品赏介类型；以《传承者》《中华百家姓》等为代表的文化展示类型等。尽管这些节目是对传统文化中的不同方面进行表现，样式也不尽相同，但其间流露出在内容与形式方面的共性值得我们总结与思考。

首先，节目以传统文化中的经典作品或优秀成果作为表现对象，注重其与当下现实的关联性。中华文明源远流长，博大精深。五千年的文化宝库是电视文化节目取之不尽的内容资源。当下的电视文化节目有的以祖国美丽的自然风光和风土人情等物质文化遗产作为欣赏对象，有的以饮食、戏曲、武术、汉字、诗词、成语等非物质文化作为表现素材。无论是哪一种，其在内容的选择上都体现了一种精品意识。汉字听写大会让广大观众了解到汉字背后的故事，成语、诗词大会也都选择代表古典诗词最高水平的作品以及成语背后的经典故事作为表现对象。《见字如面》《朗读者》的展示对象也是意蕴丰富的名家书信及经典文学作品。应该说，保证电视文化栏目品质的重要环节便是对节目内容经典性的把控。曾经为大众所喜爱的《百家讲坛》后期淡出观众视野的一个重要原因便在于其逐渐沦为一档讲普通文学故事的节目，没有了大家的思想，这些随处都能查到的文学故事便丧失了吸引力。除了内容具有高品质之外，这些节目大多还发挥了传统文化引领现代人正确对待生活困境的精神力量的作用。

其次，节目吸收与借鉴娱乐真人秀节目丰富的表现形式，合理利用明星与名人资源，真正意义上做到了寓教于乐。尽管此前娱乐真人秀大肆盛行引发了一些负面社会影响，但不得不承认的是，这些娱乐节目形式活泼、可看性强，从传播角度来说有其成功之处。十分可贵的是，当下的电视文化节目吸纳了娱乐真人秀中可取的方面，拓展了自身的表现力。之前的电视文化节目形式较为单调，一般都以讲座或者访谈的形式出现，仅靠一位或几位专家学者的讲述吸引观众。尽管电视的诸多社会功能中包含大众教育这一项，但是电视荧屏毕竟不是大学课堂，仅靠一位或几位学者的说教显然不能吸引更为广泛的观众。时下的电视文化节目创作思路十分清晰，在内容精品化的同时，表现手段更是丰富与精致。他们或是借鉴了选秀类节目的"竞赛"模式，或是合理利用明星资源，邀请明星名人深度参与节目，凭借明星的人气传播传统文化。节目的主持风格也较之前显得更为多元与活泼,张腾岳、董卿等主持人富有个性的主持风格既为他们自身吸引了更多的粉丝,也与节目典雅中不失活泼的风格十分贴合。节目的包装与特效也都富有现代感和时尚感,使观众赏心悦目。

二、当下电视文化节目热潮形成的原因

从 2013 年《汉字听写大会》初露头角,到 2016 年全国电视文化综艺节目达到 22 档。再到 2017 年初,央视重点推出了包括《朗读者》在内的 7 档文化综艺节目。短短五年间,电视文化节目群落润物细无声般地悄然崛起。这样的现象自然引起了学者们的关注,文化节目的逆袭被认为是对庸俗娱乐的强有力反击。显然,这样的反击并不是偶然现象,甚至也不能完全归结于电视节目生产模式中惯行的跟风模仿。总结而言,这股文化热潮的规模化有这样几个层面的原因:

首先便是来自政策方面的引导与扶持。如前文所述,广电总局自 2011 年开始便十分密集的发布了各种限令,针对省级卫视的真人秀节目尤其是歌唱类、明星参与类节目做出了数量及表现内容方面的明确限制。尤其是最近一次 2015 年的"限真令"通过《新闻联播》《人民日报》等权威平台发布,对当下电视真人秀中的各类不良现象提出批评的同时,也对真人秀节目应当努力的方向作出了引导。"《通知》的第三大点明确真人秀节目应该植根中华优秀传统文化,大力推动创新创优。各级广电部门要积极鼓励具有鲜明中国特色、中国风格、中国气派的原创节目模式,大力提倡将当代艺术理念与现代技术手段相融合的集成创新,对引进节目模式要适度控制数量,要避免过度集中在某一地区或国家。"①由此可见,当下电视文化综艺的创作思路与政策导向十分契合,既实现了中华优秀传统文化的传播,也是自主研发节目模式的成功典范,这类节目受到官方的鼓励与提倡是顺理成章的。

其次,一类电视节目如果仅有官方的支持,而缺乏坚实的市场基础,是不可能有既叫好又叫座的良好传播效果的。"从市场角度来看,2015 年,各大卫视综艺节目超过 200 档,而 2016 年更是达到了 400 档之多。"②这其中,绝大部分节目具备同质化的"选秀"或"明星"元素。如此密集的同质化节目必然会引起电视观众的审美疲劳,其间流露出的泛娱乐化倾向更是令人反感。在历经了十几年后,自 21 世纪初开始的这一轮依靠模式引进与模仿打造而成的娱乐综艺泛滥,使得电视娱乐市

---

① 新广电发【2015】154 号. 国家新闻出版广电总局关于真人秀节目管理的通知[EB/OL]. http:// www. sarft. cn/art/2016/3/23/art_1589_30243. html,2015/07-14/2017-05-26.

② ZNDS 智能电视网. 2016 年 10 大卫视综艺节目排表分类汇总[EB/OL]. http://mt. sohu. com/ 20160423/n445704673. shtml,2016-04-03/2017-05-26.

场早已趋于饱和,乃至不断突破低俗下限,引发恶性竞争。这样的市场环境为电视文化节目的绝地反击提供了绝佳的契机。尽管从表面看来,娱乐以外的电视节目似乎已经被逼退出竞争,但却显现出绝处逢生的可能。

最后,受众心理的发展与变化也是电视文化节目形成热潮的根源之一。随着我国经济的进一步繁荣,文化教育事业的逐渐成长,城乡居民的受教育程度在新世纪有了显著提高。这样的背景是电视受众欣赏文化综艺节目的必要基础。同时,随着全社会现代化程度的增强,快节奏和高强度的都市生活使人们很难有整段的时间和轻松的心情进行阅读活动。一方面,人们乐此不疲的在互联网上进行碎片化阅读,享受着方便与快捷的信息获得渠道。但另一方面,信息爆炸的鱼龙混杂,碎片阅读的浅薄思维的危害也早已成为共识。在这样的矛盾心态下,观众内心对文化综艺的需求是十分强烈的。他们需要能带给他们"悦目"感受轻松的同时也对"赏心"提出了要求。伴随着人们文化审美素养的提升,有相当一部分观众的审美水平已经由浅层的世俗审美渐渐进步为更高级的批判审美。受众审美需求的多元化和理性化是当下电视文化综艺强盛的基础,也是受众深度娱乐需求对浅薄娱乐的一次反击。

三、中国传统文化的电视传播路径之思

从根本上来说,优秀传统文化的传承是民族强盛的精神支柱。自觉传播优秀传统文化理应成为包含电视在内的所有媒体的共同追求和价值担当。然而,从现实的情况来看,相当一段长时间内,中国电视荧屏上占据相当多数播出时间和播出资源的节目与优秀传统文化并无关联,相反却从内涵和形式上都表现出对外国电视节目的简单模仿。尽管模式引进是世界电视生产中十分常见的一种做法,但民族自身文化内涵在电视传播中的缺位,不仅是一种遗憾,甚至是一种危机。

长期以来,中国电视节目中对中华优秀文化的展示方式较为单一,主要以文化纪录片和文化专题栏目作为展示手段。尽管这些节目内容高雅,也较完整、准确地表现了我国优秀的物质文明和非物质文明,但其价值更多的只是体现在对优秀文化的记录和保留层面。从传播和市场的角度而言,这类节目在经济方面的投入与产出不成正比,在观众中也鲜有形成强大影响力的作品。应当说,以电视的方式对这些文明进行记录与保护,只是传统文化电视化传播中最基础、最简单的一种方式。

作为党和人民的喉舌,我国的电视媒体还具有宣传及舆论引导的功能与职责。所以,电视媒体对传统文化的又一种表现方式便是"宣传"。例如2006年6月10日,是我国首个"文化遗产日"。中央电视台科教频道播出了《中国记忆——中国文化遗产日特别直播》节目,这一直播活动以"保护文化遗产,守护精神家园"为核心

理念,在全国 14 个文化遗产保护现场进行 4 小时的现场直播。这一节目在当时有效地引发了全社会对文化遗产的高度关注。此类宣传活动充分显示了电视的传播能力,无疑有利于传统文化的发扬与保护。然而,其产生的宣传效应难免具有瞬时性,仅能在短时期内成为社会热点,缺乏更长效更广泛的社会影响。

2001 年 7 月,著名的讲座式栏目《百家讲坛》开播。节目的第一期便请来了诺贝尔奖获得者杨振宁教授,为观众主讲《美与物理学》。此后,栏目又邀请了叶嘉莹等多位重量级的专家学者做各类精品讲座。这一时期的《百家讲坛》节目内容不俗,收视成绩却不佳,这一方面与其播出时间较晚有关,更重要的是节目将目标受众局限于文化层次较高的极少数社会精英,自然使节目陷入了冷清的境地。2004 年,《百家讲坛》更换了新的制片人,也形成了新的制作思路。节目将目标受众由精英转向了具备基本文化素养的更广泛的大众。这一时期的《百家讲坛》,请来的嘉宾在学术领域的成就与影响力虽然不如前一阶段,但他们往往具有个性化的表达能力和极强的人格魅力。讲座的话题也从此前纯粹的阳春白雪改革为具有基本知识含量但却生动有趣的文学历史常识与故事。在这样的改变中,易中天、于丹等一批学者型电视明星冉冉升起,栏目也从此前的默默无闻成为了收视热门,进而带动了央视科教频道的整体发展。然而《百家讲坛》的鼎盛时期并未持续很久,在学术明星们的讲座结束之后,栏目的吸引力便无法得到持续。由于讲座内容愈发流于平庸,节目形式也一直缺乏改变,观众对其的热情逐渐归于平淡。

应当说,《百家讲坛》的兴衰为我们思考传统文化的电视传播路径问题提供了很好的启示。它的兴盛启迪我们在创作此类节目时,必须以最广泛的人群作为目标受众,选择观众普遍能够接受与感兴趣的话题作为节目内容。它的失败又告诫我们,电视文化节目一旦陷入窠臼,丧失了内容与形式的创新与活力,便只能走向终结。电视媒体不仅应当自觉保护并展示优秀的传统文化,更应该把其作为节目研发取之不尽的富矿。时下各类电视文化节目正是巧妙地展示了传统文化中最美好、最生动的部分,并博采众长地借鉴了娱乐真人秀的形式,以接地气的方式表现高雅文化,收到了良好的传播效果。

可以预见,随着《中国成语大会》《中国汉字听写大会》《朗读者》等节目的热播,一大批相似的文化栏目会如雨后春笋般迅速产生。这样的现象虽然无可厚非,但也提示我们,电视媒体对传统文化的挖掘应该遵循科学、严肃的态度,谨慎面对大量模仿和跟风的问题。更重要的是,探索传统文化的电视传播路径,应当始终保有创造性思维。只有在真诚和创新的态度引领下,中国的传统文化才能真正成为电视节目的素材宝库,而电视媒体也才能在传播传统文化时体现最有效的价值。

参考文献

1. 郭镇之. 中国电视史[M]. 北京:文化艺术出版社,1997.

2. 刘习良. 中国电视史[M]. 北京:中国广播电视出版社,2007.

3. 胡正荣. 传播学概论[M]. 北京:高等教育出版社,2017.

4. 张国良. 20世纪传播学经典文本[M]. 上海:复旦大学出版社,2003.

5. 曾一果. 西方媒介文化理论研究[M]. 北京:学习出版社,2017.

6. 高小康. 大众的梦[M]. 北京:东方出版社,1993.

7. 梁波. 理论电视学[M]. 北京:中国传媒大学出版社,2015.

8. 陈龙,吴卫华. 电视文化新论[M]. 北京:国防工业出版社,2016.

9. 张晓锋. 解构电视:电视传播学新论[M]. 北京:中国广播电视出版社,2006.

10. 李幸,刘荃. 传播媒介的历史之光:广播电影电视史论[M]. 南京:南京师范大学出版社,2004.

11. 李幸. 保卫电视:李幸媒介批评文集[M]. 北京:中国社会科学出版社,2011.

12. 张红军. 纪录影像文化论[M]. 北京:新华出版社,2006.

13. 刘荃. 电视艺术影像思维论[M]. 北京:中国广播电视出版社,2011.

14. 张晓锋. 电视编辑思维与创作[M]. 北京:中国广播电视出版社,2001.

15. 杜骏飞,胡翼青. 深度报道原理[M]. 北京:新华出版社,2001.

16. 陆晔. 电视时代,中国电视新闻传播[M]. 上海:复旦大学出版社,1997.

17. 黄匡宇. 当代电视新闻学[M]. 上海:复旦大学出版社,2010.

18. 孙宝国. 中国电视节目形态通论[M]. 北京:中国传媒大学出版社,2011.

19. 刘宝林. 电视节目形态三元论[M]. 北京:中国传媒大学出版社,2014.

20. 陈虹. 电视节目形态:创新的观点[M]. 上海:复旦大学出版社,2013.

21. 王兰柱. 广电产业化进程中的节目形态演变[M]. 北京:中国传媒大学出版社,2007.

22. 胡智锋. 创意与责任:中国电视的本土化生存[M]. 北京:中国传媒大学出版社,2010.

23. 王振业,方毅华,张晓红. 广播电视新闻性节目规范研究[M]. 北京:中国广播电视出版社,2002.

24. 严三九,张苑琛,周哲. 广播电视经营与管理[M]. 上海:上海外语教育出版社,2006.

25. 喻国明. 变革传媒:解析中国传媒转型问题[M]. 北京:华夏出版社,2005.

26. 熊澄宇,金兼斌. 新媒体研究前沿[M]. 北京:清华大学出版社,2012.

27. 谢耘耕,陈虹. 真人秀节目:理论、形态和创新[M]. 上海:复旦大学出版社,2007.

28. 尹鸿,冉儒学,陆虹. 娱乐旋风——认识电视真人秀[M]. 北京:中国广播电视出版社,2006.

29. 魏南江. 优秀电视节目解析[M]. 第2版. 北京:中国传媒大学出版社,2014.

30. ［加］马歇尔·麦克卢汉. 理解媒介：论人的延伸［M］. 北京：商务印书馆，2007.

31. ［英］尼古拉斯·阿伯克龙比. 电视与社会［M］. 南京：南京大学出版社，2001.

32. ［英］大卫·麦克奎恩. 理解电视：电视节目类型的概念与变迁［M］. 北京：华夏出版社，2003.

33. ［英］戴维·莫利. 电视、受众与文化研究［M］. 北京：新华出版社，2005.

34. ［美］尼尔·波兹曼. 娱乐至死［M］. 北京：中信出版社，2015.

35. ［美］威尔伯·施拉姆，威廉·波特. 传播学概论［M］. 北京：新华出版社，1984.

36. ［英］安吉拉·默克罗比. 后现代主义与大众文化［M］. 北京：中央编译出版社，2006.

37. Hugo de Burgh. Investigative Journalism：Context and Practice［M］. NewYork：Routledge，2000.

38. Shoemaker，P. J. & Reese，S. D.，Mediating the Message：Theories of Influences on Mass Media Content(2nd Edition)［M］. NewYork：Longman，1996.

后 记

时隔近二十年,我依然清晰地记得在随园电教楼二楼的某间教室里,李幸老师的《电视节目学》课堂上,97广电的小伙伴们围绕着"互联网能否最终取代电视?"展开了激烈的辩论。年轻气盛的我们慷慨激昂,难解难分。最后,李老师总结陈词:"无论电视会否消亡,节目生产永存!"

时光飞逝,当年课堂上的学术辩题,已经切实地成为电视行业的集体焦虑。这些年来,当我围绕电视节目问题作一些思考,写一些文章的时候,老师当年的论断使我多了一分踏实。我想,这个研究方向是具有学术价值,值得不懈耕耘的。在此,要感谢南京师范大学新闻与传播学院每一位教导过我的师长,引领我走进广播电视研究的大门,给予我受之不尽的学术养分。

本书的写作得到了无锡江南文化与影视研究中心的鼎力相助,还得到了江南大学自主科研计划专项基金资助(项目名称:新媒介生态下的媒介伦理困境及重构研究——以马克思主义新闻观为视角,项目号:2015ZX22)的资助,十分感激。同时,也要感谢江南大学人文学院的领导、前辈、同事们多年来对我的关心和帮助。

感谢亲人的包容,分担了本该由我完成的家务与责任,心有愧疚;感谢挚友强生无私的帮助,20年未变的关怀与支持,心有温暖。

感谢东南大学出版社弓佩老师为书籍出版事宜费心劳碌。

这本小书并不是我计划内独著的第一部书稿,机缘巧合最终首先付梓,希望它能成为我学术经历中一个新的起点。

2017年8月于无锡